食べごとのはなし

畑本 千

影書房

食べごとのはなし　目次

食べごとのはなし

本文カット＝著者

黒いカップ

お付き合いで買ったカップ。黒いのと白いのと。どちらにも赤い輪が一本斜めに入り、受け皿にも中心をずらせて輪があり、赤の中にデザイナーの名前が地色で抜いてある。

バザー値段の、そのまた半値にして貰ったので、とりたてて不足をいうこともないのだけれど、生来、他人のサインが入っている品を身の周りに置く趣味はない。それでも、人が来ると白いほうには紅茶を入れて出すこともある。生地の薄さがお茶の色をきれいに見せてくれるし豆提灯のようなふっくらとした丸みは好きになれる。

でも、黒いカップには紅茶を入れてもつまらない。コーヒーにしたところで何を出されたものやらという感じで、さっぱり見映えがよろしくない。ココアでは早く冷めてしまいそうで頼りないし、この日本女性は何を入れるつもりで作ったのかと不思議に思ったまま、戸棚へしまいっ放しとなった。他の器を出し入れするたび見ているのに、手にとる気もしない。

ところが昨夏、小さな旅で出会ったひとの話から、黒いカップに出番がまわってきた。彼女の旦那様は顔の広いお人のようで、誕生日の祝いに焼き物をする友人から抹茶碗をプレゼントされたという。箱に入ったまま戸棚へしまえばそれまでだと思った彼女は、すぐに抹茶を一缶買ってきて、翌朝とりあえず割り箸の上の方を茶匙代わりに台所でささっとお茶を点てて、旦那様に差し上げたのだそうな。後日、「家内は毎朝お茶を点ててくれます」と聞いた友人はとても喜び、奥さんも嬉しかった、というお話。

抹茶のうす緑はカップの黒によく似合う。モンブランやロールケーキのひときれを二人前に切り分けて、銘々皿に姫フォークでいただいてもよく、朝のお茶タイムに組み合わせが増えている。

ベナ料理

春キャベツは巻きがふんわりしていて柔らかく、水気も多い。みずみずしい品が手に入ったとき蒸し煮を作る。

うす切り豚肉を四人分で百グラムほど、塩と酒を少量もみ込んでおく。無水鍋を上下逆さのベナにして、蓋の側にざく切りキャベツを敷き、肉を散らし、キャベツ、肉、キャベツと重ねて上から塩こしょうを少し振り、鍋をかぶせて中火の弱で約二十分、余熱二〜三分。

蓋を取る……、いや、ベナを開けると、自前の水でほどよく煮えた甘い匂いが立ちのぼる。これが野菜の味なんだなあと言いながら、一個のキャベツがあっというまに消える。

底の辺りにほんのり焦げのあるのがまたいい。

胡麻豆腐

買い置いて忘れたままの葛粉を、戸棚でみつけた。思い立つという程のこともなく小鍋に大さじ三杯くらい振り入れ、使いきれずにいたピーナツバターは気前よく山盛り四杯も加え、水も見当で三カップばかり入れて火にかけ、泡立て器でまぜまぜ――。いいかげんの分量でも、鍋底がはっきり見えるまでしっかり練りさえすれば、そのうちできると呑気なもの。

以前、聴覚障害者の料理教室で岡山ばらずしを主にした献立を、といわれた時はこんなふうにして胡麻豆腐を作った。人数に変動があっても不慣れでも困らない、それでいて御馳走気分になれる。新式の道具など要らない。

当日は、サポートする健聴者を合わせて三十人くらいだったか、声がかかれば出てくる聾人クラブの人達はみな素直で明るい。あちこちに配された男性も、何をして役立とうかという目の色で頼もしいこと。胡麻豆腐の班は女四人に男二人、乏しい調理道具を探し回って大鍋と大きな摺り鉢をみつけて来た。葛粉の固まっている様子を見て、力のある自分たちで摺りつぶすという。

代わるがわる、喜々として作業した結果、小さな四角い塊だった葛粉は、真っ白いさらさらの美しい粉になった。こんなにきれいにしたよ、と二人は胸を張る。練り胡麻と水、それに本当の「葛の粉」を鍋に入れて火にかけ、ゆるいうちは女手で、煮立ってのち杓子が重くなってからは男手で、心を込めて練り上げ、一番大きなバットにあけた。他の調理台で進行しているばらずしと吸い物ができあがるまで冷蔵庫に預けておく。岡山ばらずしは、主婦一人で作ると大変に手間のかかるものなので、こうして仲間が集まってもかなり時間がかかる。

盛り付けが始まり、いよいよ豆腐の出番、私は、まだ少し早いかなと思いながらバットを流しの水にザブンと浸けた。

「よかった、固まってる」

ＯＫ、おめでとうのゼスチャーで、メンバーは嬉しそうにのぞき込む。通りかかったサポーターも笑顔で背中を叩いてゆく。切り分け、青じそを敷いてワサビを添えた皿を前に、摺り鉢に取り組んだ二人は得意そう、背筋を伸ばしてとびきり上等の顔で席についている。

普段、大ざっぱに材料全部を鍋に放り込み、ひたすら練り練りして作る横着者のわたしは、あの時、そうとは言えなかった。

岡山ばらずし

岡山県の東部を流れる吉井川の下流では、古来豊富な水がたびたび暴れて土壌を肥沃にし、美味しい米のとれる千町平野ができた。

鎌倉時代のある日、河岸の宿場町で茶店の主人が五目飯を炊いていると三人連れの客がやって来た。銘々好みの濁り酒を汲み、酔いがまわった頃、ふと五目飯の匂いに気付き、主人にくれと言ったところ別の客の注文だと断られた。ぶつぶつ言っていた三人が酒代を置いて行った後、先の客が五目飯を食べると、いつになく旨い。主人も不思議に思い調べてみると、どうやら酔っぱらいが断られた腹いせに、発酵が進んで酢になりかけた酒を釜の中へぶち込んで行ったらしい。以来、五目飯の炊き上がりへ酢を混ぜて出し、人気を得たのが岡山ばらずしの起こり、といわれる。

この酢入り五目飯は一般家庭にも広まり、母から娘へ伝わり、江戸時代には岡山の城下町が中心となって磨きがかけられ育っていった。瀬戸内の魚を酢じめにして加えるようになってからは一層豪華になってゆく。

名君池田光政公は、贅沢を禁止する命令の中で、ずいぶん細かい事まで指示した。秋祭りの御馳走についても一本の鱧《はも》で仕度せよとのこと。曰く、皮で膾《なます》、片身で椀種のちくわ、片身ですし用の締め魚、頭は野菜を煮るダシに、骨は清汁に、と倹約の徹底を図った。

しかし、一度贅沢を味わった人びとは反骨精神を発揮して、隣近所へ配る重箱の底に美味しく豪華な具を敷き、上に細かく刻んだ具を混ぜたすしを詰めた。受手はこれを別の器にひっくり返す、すると、山海の幸が見事に現れる。光政公の曾々孫、治政公は芝居や茶会など優雅な日常を好まれたため、ばらずしは贅をつくし「すし一升金一両」といわれるようになった。

現在の岡山でこれを再現できるのは、寡聞にして、右記のいわれや作り方を本にまとめた板前さん唯一人しか存じ上げないが、売値で最高一人前五千円のすしを作れる人は他に、あまり居ないのではないだろうか。普段は二千円くらいで量を限り作っておられる。去る秋に、機会を得た折の具を記してみよう。

鰆《さわら》、鱧、飯借《ままかり》、小鯛、紋甲烏賊、同卵、海月《くらげ》、大象蝦《おおぞう》、芝蝦、穴子、藻貝、たいらぎ貝柱、里芋、蓮根、人参、午蒡、蕗、蕪、絹さや、生姜、茗荷、椎茸、木耳《きくらげ》、百合根、銀杏《ぎんなん》、柚子、零余子《むかご》、木の芽、白胡麻、麻の実、干瓢、高野豆腐、金糸卵

すしの上には具を大ぶりに切ってのせ、中のすし飯にはそれらが小さく切り込んである。昔は、まず、上の具で銚子を傾け、次に本体を味わい、残りは翌日、熱いお茶をかけて大切に楽しんだ。色どりよく、味が混ざって邪魔にならないよう素材をそれぞれ煮切って使うのだから手間は大変なものである。家庭ではせいぜいこの半分程の種類を入れるのだが、第二次大戦前までの備前から岡山市辺りでは物日などに作り、ご近所へ配っていた。

ミルクコーヒー

もうそろそろ行ってみようかと友人宅へ足を向けたのは、旦那様が心臓発作であっけなく他界したと人伝てに聞いてからひと月余りたっていた。それまでの経験から、どうも自分は霊界の影響を受けやすいようだと気付いていたので、死にたくなかった人のところへ行くのは気が進まず、わざと遅らせたのである。

彼女が娘時分は戦争のため結婚相手の男が居なくて、同じ年頃の女性は独身で働いている人が多かった。結局、奥さんを病気で失った男性のところへ嫁いだので、高齢出産の女の子はうちの娘と小学校の同級生。昔、職場で私の母を見知っていた彼女の住む町へ、私等が引っ越して偶然に出会った。親として学校へ行けば大抵、旦那様と顔が合う。彼は、長い役所勤めの習性からか理屈っぽい発言の多い人であったが、女房の友達ということで、文具や雑貨を扱う彼女の店では愛想よくしてくれていた。

四十九日を過ぎてというのも少々遅いかなと、その日は一人暮らしになった友を見舞うくらいの気持ちで店先に立った。掃除をする人が居なくなったので埃の積もりようはかなりのものだが、今さら驚きもせず座敷を抜け、広縁に出て庭を眺める。田舎町の商家の造りで昔は羽振りが良かったらしく、広い敷地には柿など実の成る木が何本かあり、古い土蔵も一棟残っている。部屋数の多い家で、台所の物音など鍋の蓋でも取り落とさない限り、座敷までは聞こえない。

彼女がお茶の用意をするあいだ、こたつに入ってみたものの、ご挨拶もせずでは悪かろうと敷居を跨ぎ、仏前へと歩を進めた時、仏壇から畳三枚ほど手前に、空気濃度の違う境界線があるのに気がついた。肉眼ではわからないのに、仏壇の前にエプロンステージのような曲線があり、内側はねっとりした重い空気なのである。

「しまった」と思ったけれど、引き返すのもどうかと考えてその中に座り、小声で般若心経を唱える。と、半ば頃から身の周りがザワザワしてきた。目を開けて、ぐるっと首を巡らせたが変な者は見えない。人間の目は猫や鳥ほども見えないのだからと、また続けるうちに右から左から風が吹く。終章にさしかかると、前からも後ろからも押されて正座の上半身が揺れる程になったので、さすがに腹が立ってきた。歳を重ねたいまならば、

「お前ら低級霊か、帰れっ！」

と一喝するところだが、当時はまだ若かった。

一巻を終えて立つと、境界線より外の空気は普通なのだった。

こたつに戻ったところへ彼女が、いつもの熱いミルクコーヒーを載せた盆を捧げて来た。健康に注意しているという、その作り方は、インスタントコーヒーと牛乳を鍋に入れて火にかけ沸騰寸前に火を止めて、蜂蜜たっぷり入れたカップに注ぐ。些か甘すぎるけれど、砂糖は体に悪く蜂蜜は良いと言うから黙って頂くことにしている。

中国ＵＦＯ

中国みやげを貰った、「不要炒的炒面」。

炒め不要の炒麵、つまりインスタントやきそば。近所のスーパー・マーケットで売られている日清の焼きそばと同じ平たい丸カップ、ラベルも似たような色で上半分に大きく「ＵＦＯ」、その上に「日清」とあり、下半分に操作方法、製造所などが書いてある。並んだ漢字から推測すると、河北省にある工場で製造したもので、作り方は日本のものと変わらないようだ。下に不含防腐剤と特筆してあるからには、あちらにも日持ちのよい簡便な食品が種々あるということだが、ま、よその心配まですることもなかろう。

それより、と湯の仕度をしておき、外側のフィルムを破って能書きのラベルを除ける。蓋が青い。日本のは白なのに、これは艶なしの群青色。添付の具を入れ、熱湯を注いで三分、湯を捨てて小袋のソースとラードを混ぜてできあがり。ふりかけは無い。半分こにした焼きそばを、夫は黙って食べる。こちらもひと口、

「ん、この匂いは？」

ウーシャンフェン（五香粉）ではあるまいか、台所から小瓶を持ってきて夫の鼻先へ近付ける。

「似とる」

黙っていたのは、何だかわからず考えていたのだ。びんには、フェンネル、シナモン、サンショウ、クローブ、陳皮と五種類書いてある。英名スター・アニスという八角ウイキョウの粉だけでも五香粉だとか。ほんの少し振りかければ、近所のインスタント焼きそばも、たちどころに中国ＵＦＯになりそうな気がした。

鯛の兜煮

「三年ひと昔」から言えば少し古い話になるが――。

広島で自活している娘から岡山の家に電話があって、乳房に小さなしこりが見つかり、検査入院するから来てくれという。荷物は整えたし、会社の友人から見舞いに貰ったジグソーパズルは先にやってしまったから自分で千ピースのを買ったと、彼女らしく笑い話にする。私も、忙しいから仕事くらい持って行くわと応え、パジャマを一枚買って新幹線に乗った。

母親が来たというので若い担当医が、研修医か何か知らないがもっと若い医者を連れて病室に現れた。娘はすでに説明を受けていて、細胞診の結果が悪性とわかればすぐに片方の乳房を全部取り除くのが安全と言われ、そのつもりでいるらしい。

同じことを繰り返す煩わしさも手伝ってか私への説明は簡単で、全摘と四分の一切除の方法がある、どちらかを決めるようにとのことである。幸い、直前にアメリカCNNの絵で四分の一切除を取材した番組を視ていた私は、知識ゼロの状態よりは楽に理解できた。そこで、心配の種はできるだけ無くしておくほうが良いと繰り返す担当医に対し、

「もし、再発したら、その時に改めて覚悟を決め全摘することにして、今はできるだけ残してやって下さい」

と言った。自分がこれほど言ってるのに、という顔は読めている。が、相手は毎日、先生と呼ばれている人だから気持ちを逆なでしてはいけない、しずかに、ゆっくりと話す。

「四分の一切除の場合、再発の確率はどのくらいですか」

「七〇%です」

「では、三〇%は、再発しない可能性もあるのですね」

「ええ、でも全部取ったほうが安心ですよ、子供が生まれても片方あれば足りますから」

カチンときたが穏やかにきいた。

「で、術後のメンタル・ケアについては、どのような用意がしてありますか」

「それは、本人の希望があれば、精神科の先生に紹介しますが」

予測外の質問をしたようである。初めての経験で、切ったあとから事の重大さに気付いて落ち込んだり混乱している本人が、そんなところへ助けを求めに行くはずもない。結婚も出産も知らない女性では、服を着れば傍目にわからなくなる装具があると言われれば、それで事足りると思っても不思議はないのである。

もう二十歳を過ぎているのだから母親が出しゃばらなくても、と受け取れる発言につい、不動産屋で部屋を借りる交渉をしてるんじゃやねぇんだぞ、と思っているところへ年配の、温厚な感じの先生が入ってこられた。同じお願いをすると頷かれたけれども、その場で返事は貰えなかった。先輩の医師二人が出てゆき、最後に若先生が出たあと、私はトイレにでも行くような振りで部屋を出た。エレベーター前で追いつき、

「もとから無い人にはわからないでしょうが、子供を養うほどお乳が溜るとこんなになるんですよ、ひとの事だと思って簡単におっしゃいますけど」

上半身を左に傾けてみせた。独身にみえる彼は、

「ぼくらには何も言えませんから」

同情の色を浮かべて去った。

もしも、残りの三〇%に入っていたならば、切ったものを元に戻すことはできまいに。もしも、好い人が現れて幸せな結婚生活ができたとしても、子供を授かった時、毎日どんなにつらいことだろう。体のアンバランスにも疲れ果てるのではないだろうか。

受け持つ患者の生活などお構いなしに、病巣を取り除けば一件落着とする態度に怒り心頭、なのだが娘には見せられない。あした出直すわとホテルに引き揚げた。

ベッドの端に腰掛けて、机の下にある冊子などめくってみても、刻の経つほどに腹が立ってくる。我が子に悪影響がなければ、相手が医者だろうと何だろうと間違いは徹底的に言いたてるところだけれど、それができないのは歯がゆい。降ろすところもない拳は、振り上げようもないのだから——。

「よし、何か食べてやれ」

外に出て安い店を探すゆとりなど無い。最上階のレストランへ行った。平然と座ってメニューを開ける。

(二千円も取る兜煮とは、どんなものだろうか?)

迷わず注文したところは、やはり食い意地か。野菜の和え物でビールを飲みながら待つ。小一時間もたった頃、うやうやしく捧げられて来たのは見事な絵模様の大きな煮物鉢。蓋をとると、びっくりするほど大きな鯛の、たすきに落とした頭が一匹分、ゴボウや青味野菜を引き連れてデーンと鎮座ましましている。艶よく煮上げた逸品に気を呑まれてしまった。

（お酒でも頼まにゃ、しょうがないわなぁ）

所要時間から推測すれば、注文を受けて後、熱湯をくぐらせた頭を冷水にとり、鱗を掃除して改めて酒と味醂・醬油でコトコト煮込んだものと思われる。ちと甘過ぎると思いながら、食べるほうも本腰を入れねばならなかった。

翌朝、少し早めに病院へ行くと、廊下の向こうから担当医が歩いてくる。すれ違いざまに小声で言った。

「やはり小さめに取ることにしましたから」

横顔が引きつっていたのは、他の先生方とは考えが違っていたのだろう。娘が病室から運ばれたあと、楽しい話題で気持ちを引き立てようと気を使う社長と同僚とで三時間も待っただろうか。結局、心配のない小さな固まりを出しただけと知らされ、長逗留を覚悟の着替えと疲れを提げて帰りの列車に乗った。

以来、我が家では、兜煮もアラ煮も格段に旨くなった。

椎茸の脚

「お昼を一緒にしたいんだけど、いつがいいかしら」

夫の職場で、主に外の仕事をしている女性からの申し出に予定表を眺めたものの、どうにかなりそうというのは引っ越し前日の三月三十日だけ。

「でも、荷物はあらかた出したから何もないよ」

「全部持って行くから、お湯だけ沸かして」

夫は一月生まれ。四月以降生まれより定年が一年早い。長男だから、一人暮らしの母親に心を移す情は理解できるけれども現実には、波長の合う次男が近くに居る。

「それでも、儂、学校を出してもろうたから」

故郷へ帰ることだけを考えている彼はいい、が、こちらはあと二十年を、この責任感だけに賭けられるか。新たに地盤、看板を得るには十年かかる。どうすれば、自分も、つながりのある者もみな元気に暮らせるか、ひとりで何年も考え、黙って準備してきた。

まず、部屋が要る。将来、一人になっても便利な家を手に入れよう。図を描いた。それをもとに人が動き始めた。現住居を明け渡さねばならない。片付けに取りかかったところへ、料理記事の依頼と共にサンプル野菜が届く。写真とレシピを送っておかねばならなくなった。いくら貧乏忙しの性分でも、これには参った。コーヒー一杯もおちおち飲んでいられない。

心配した長女夫婦が駆けつけ、台所用品の荷造りやごみ焼きなどしてくれたので何とか原稿を投函、やれやれと続きをやっていると、年上の友人から赤飯の差し入れ。助かった。

電話一本トラック到着とはいかないので、毎日が時間との闘い、当日も大して進まないうちに昼になった。

家の前にワゴン車が停まり、仕出し屋で使う大きな木箱が運び込まれる。呆気に取られているうちに、女性二人でさっさとコタツテーブルいっぱいの料理を並べ、さあ、お座りと言う。戸棚をのけたあとの、掃除道具など雑多に散らばっている台所でオタオタしなが

ら、とりあえずやかんを火にかけた。席に着くと、

「ご主人には送別会がいくつもあるけど、奥さんのは無いから」

二人は微笑む。赤飯、巻きずし、稲荷ずし、お煮染め、唐揚げなど主菜の他に、菜の花の和えもの、ツクシの煎り煮、出し昆布の佃煮、椎茸の脚を裂いて煎りつけたものなど、小皿代わりのアルミケースがいくつも並ぶ。フルーツに甘味、袋入り吸い物、椀、袋茶、湯のみ、と魔法のように出てくる。昨夜、手分けして作り、今朝、出勤前に仕上げてきたのであろう。きけば、年上のほうは調理師の免許を持っているとのこと、臨時職員で畑仕事をしていれば誰も、下働きの小母さんと軽く扱うのだが――。

出し汁を取った残りの昆布と削り節を、醤油で煎りつけておかずにするのは、しっかりした主婦なら日常的にすることだけれども、普通の奥さんはこれほど細くは切らない。手入れのよい包丁なのだ。椎茸の脚にしても、針か目打ちで裂かねばこう細くはならないのである。これだけのことながら、味はずいぶん違ってくる。

楽しい話題で休憩時間は早々に終わり、二人は明るい声を残して仕事場へ戻って行った。

警報器が鳴った

（今夜はブリカマでも焼きますか）

朝、出がけに冷凍室から冷蔵室へ移しておいた。メインがあれば他は何とかなるだろうと、気楽に一日を過ごして、さて、夕食作り。カマ二つ入ったトレーを出してラップを取ると、どうみても日にちをくっている。炊くことにした。

珍しく、かん冷ましが銚子一本分ほどあるではないか。結構なことだと鍋に全部入れて、みりん、は勿体無いと喫茶店から持ち帰った砂糖、それに醤油を合わせて火にかけた。沸騰後、カマを入れ、蓋をして隣室へ洗濯機の様子を見に行き、戻ってもう一方のコンロで野菜をゆでていると突然、後ろの床近くのガス警報器がけたたましく鳴り始めた。コンロの火もコックも正常に見える。他には何も、していない、はず、と周りを見回してもわからない。洗濯機をもう一度、頭を冷やしがてら見に行ってきた。

「もしかして、活きの悪い魚を炊いている臭いを感知、するの？　アンタ」

換気扇のスイッチをいれ、なかなか止まないピーピー音に身をすくめながら、鋭い器械に感心してしまった。

もっと年とって感覚が鈍くなったら、ありがたい存在になるだろうか。

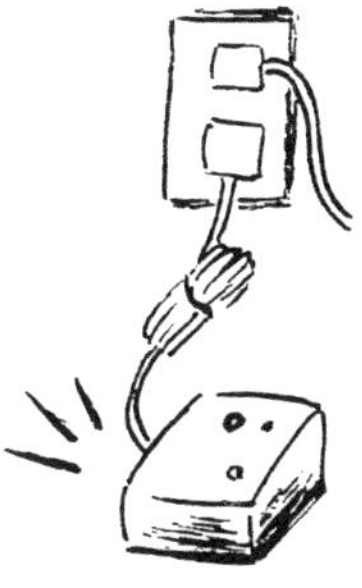

イタドリの胡麻風味

「たっぷりの湯を沸かして、ひと摑みずつ入れては網杓子ですぐ水にとるんよ」

あや子さんは年長の友人。年金暮らしなのにいつもすっきりした身のこなし、誰にも臆せず話すのにちゃんと気配りができる。物や金に執着せず、貰い物は自分と亡夫のお供え分だけ取って残りは新しいうちにさっさと人に上げてしまう。時たまストレス解消にハゼ釣りをしてくれれば、焼き干しにして配り、ワラビを採ってきたと言ってはゆでて皆に分ける。中でも桜花の塩漬は絶品で、イタドリの炊いたのもそんなふうに貰ったのだった。

うす緑に香りよく仕上げてある一皿に感激して、翌春、近くの里山へ出かけた。学区の子どもたちは自転車でよく遊びにゆくと聞いていたものの、勝手を知らないよその山。道端の些かひ弱な茎を折っていると、通りがかりの人が、

「この先の別れ道を右へ行くと沢山ありますよ」

なるほど、ふっくらと食べ頃の芽が陽当りの斜面いっぱいに出揃っている。「虎杖」という字を当てた人に感心した次の瞬間、欲なもので、二アール（畝）以上もあろうかと思われるイタドリの群生を見て大張り切り、持参のナイロン袋に入るだけ詰め込んで帰った。

皮を剝きながら、後の人に残そうとも思わなかった自分に呆れる。

昔のように大勢集まることもないので、家にある最大の鍋は直径二十六センチ。ぐらぐら沸いているところへ、四センチ程に切った茎をひとつかみ、網杓子で一、二、三とかきまわしてそばに用意したボールの水にとった。色はきれいなうす緑のまま。水がぬくもれば取り替えてひたすら繰り返す。

酸味が抜けたところで引き上げ、水をよくきって鍋に入れ、塩と少しのしょうゆ、だしの素ごま油を加えて強火にかけ、鍋を揺すって手早く味をからめる。

まずまずの出来に気をよくして、ひとり暮らしの友人たちへお福分けをしてまわった。

人工股関節を入れたひとは、その後の命が短いという調査結果がある。彼女は、転倒してから三年足らず元気にしていただけで、最後は意識もないままず—っと寝て、そのまま逝った。

スベリヒユの煎り煮

雑草を放っておくと、毎年違うものが幅を利かせて他の種類を抑えてしまう。スイバの年、メヒシバの年、シロツメクサの年などというように。「雑草」とひと括りにしてしまうのは、単に不勉強で名前を知らないからで、本当は失礼なのかもしれないけれど。

空き地で草を生えるにまかせて観察した人によると、これには周期があって、順番に一年ずつ七年か八年かかってひと通り王様になると、また初めに戻るのだという。強いものはどんな旅をしてきたのか、非番の種子は土中に自分で潜り込んで眠るのだろうか。何も知らず邪魔者扱いしてごめんね、でも、やはり処分の対象となる。

ある暑い日、しばらく遠のいていた畑を見に行くと、ふっくら軟らかそうなスベリヒユが、本命の野菜ほども大きく育っている。つい、嬉しくなってポキポキ折って持ち帰った。

さっとゆでて水に晒し、絞ったものに削りがつお、醤油、胡麻油少量を加えて煎りつけ、小鉢にこんもり入れてひねり胡麻を天盛りに、夕食の一品とした。

怪訝な顔の夫にすましてすすめると、チビチビと酒の肴になった。今度みつけたら細切り豚肉と合わせて、ひと口てんぷらにしてみよう。疎開暮らしを知らない連れ合いの舌が頑固爺になる前にせいぜい味覚を鍛えて、将来の食糧難時代に備え、いや、寿命のほうが先かな……。

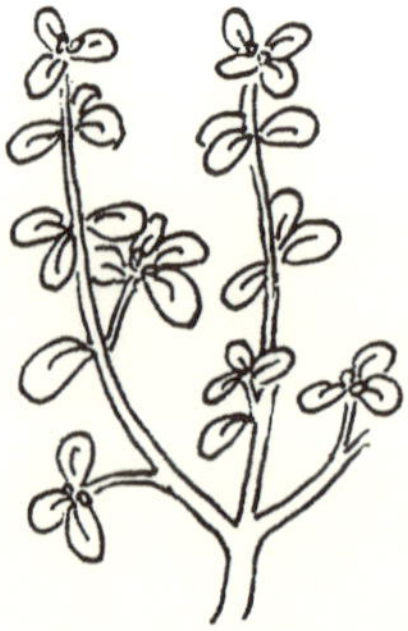

ナズナのからしあえ

冬から早春にかけての若い苗は、草取りシーズンという気分でもなく、そのままにしてしまう。けれども、茎が立ち始め、まもなく花が一つ二つ咲きだすと、

「こりゃいかん、ペンペン草になっては困る」

急に「畑の雑草」という目になり、抜きにかかる。この頃までは軟らかいところを食べられるので、全部捨てるのはもったいない。そうは言っても、ホウレンソウのお浸しほど沢山すすめられるものでなし、からしあえを小さな器にチョコッと、ほんのひと口。練りからしでもチラッとのせて。

いまは、七草粥の二、三日前になるとミニ大根とハコベ一本、小さなナズナ一株などというセットが店頭に並ぶ。栽培されたひ弱な草が、水を含ませたスポンジに守られて丁重

に扱われるのを見ると、なんとなく哀れな感じ。

人の目を逃れ、畑でたくましく伸びて花が咲き上がったものは、折れるところからちぎってきて、青じその葉や穂と同様に薄めの衣をつけて天ぷらに。

草取りを「やったぞ」という顔で、食卓に出す。

ま、食べさせられるほうは、どうだか——。

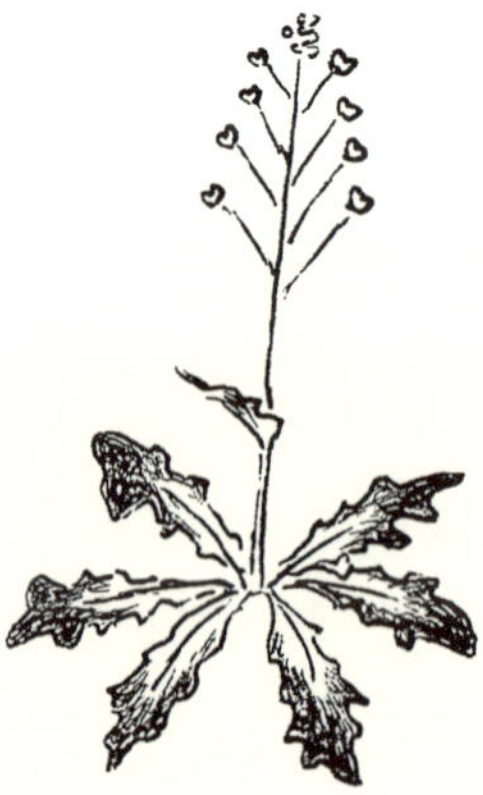

お茶の葉

「飲んだ後の葉をどうしてます?」

「捨てずに貯めてます」

頂き物のシンビジウムを植え替える際、水苔代をケチッて、干しておいた茶殻を畑土の三分の一ほど混ぜて使い、見事に咲いた写真を送り主へ届けた経験がある。

「お醤油とおかかを掛けて食べてみて下さい」

青年は、自分は栽培業者だから、食品添加物などの心配は要らないという意味で言っているようだった。買ったのは、値段的に上の下クラスの煎茶である。

近頃は、日本独特のものと思っていたお茶までが輸入されるようになり、抹茶入りとか、味の素の入ったのやらあって、どれも一応疑ってみる哀しい習性が身についている。

家では、朝のお茶から一日が始まる。新生活のペースに心身が慣れたいま、この時しか飲むおりが無いのに気が付いて、それでは少し良い品を買っても贅沢にはならないでしょう、と周りの店を見に行ってはがっかりしているところだった。

翌日の夕方、未練がましくもう一煎出枯らしを飲んで急須の葉を鍋に移し、醤油と胡麻油、だしの素も少々振り込んで煎り煮にしてみた。これはおすすめの小付け。チリメンジャコでも細切りベーコンでも気まかせに加えて、そう、水苔代わりだけではもったいない。

焼きピーマン

同じ材料、同じ料理名でも、調理する人により雰囲気の違う一皿になる。

A子さんが出してくれた焼きピーマンは、直径十五センチほどの丸い和皿、益子焼より淡い灰色地に、くすんだ藍で何か描いてあったように思う。四つ割りして皮に少し焦げめのついたピーマンを二切れずつずらして重ね、醬油をかけた上に花かつおをのせてあった。

B子さんが目の前で焼いてくれたのは、まず鉄のフライパンを火にかけ、六つ割りピーマンを入れてから玉葱をうす切りして水に浸す。ピーマンを裏返しておいて、長径二十センチ余りの楕円系ガラス皿を出し、絞った玉葱を枕に左側へピーマン、右側に花かつおを置き、三者に少しずつかかるように醬油を垂らしてすすめた。

経歴は全く違うけれども二人はスナックのママで、歌のうまいのが共通点。A子さんはポップス系が得意でジャズもいける。B子さんは演歌、ポップス、コミカル何でもこなす。

年齢はたいして違わない。

さて、貴方ならどちらへ？

「茶通」の失敗

子供たちが幼い頃は、生活にゆとりどころか預金通帳に残高が無くて、些か危なっかしい暮らしをしていた。ひと息ついた時分から、よそ様へ差し上げる手作り品として、フライパンで揚げるだけの「開口笑《カイコウシャオ》」など簡単なものができるようになった。

かなり経って、これが最後の一台という展示品の全手動ガスオーブンを安く買ってからは、チーズケーキやロックク ッキーをプレゼント用品にしていた。いずれにしても、材料を混ぜて揚げるか焼くかすればサマになる、おおざっぱ人間向きのものばかり——。「茶通」という和菓子を試したのも同じ理由、餡玉を小麦粉の生地で包んで太鼓形に焼くだけである。

テキスト通りに粉を計量して、ここでオヤ？ と思った。砂糖の量がいかにも多い、甘過ぎるのは嫌だ。すっぱりと半分にした。火加減に注意して色良く焼き上がり、ひとつ口に入れる、なかなかよろしい、では、あした持ってってあげましょうとラップをかけておいた。

翌日、容器に入れようとして一つパクリ。

「ワッ！」

噛めない。まんじゅうの皮がゴムのようで歯が立たないのだ。そう、砂糖の減らしすぎ。全滅である。

砂糖は、仕上がりをふんわり軟らかくしたり、艶をよくする働きがある、菓子の材料は正確に計ることが大切、と学習したのはずっと後のことであった。

洋菓子ばやりの近頃、夜なべの二時間程でクラシックな和菓子、茶通をミニサイズに作って楽しんでいる。手抜きは当然のこと、まず市販の砂糖入りこし餡三百グラムを三十個の球に丸めてまな板に並べておく。一個は親指の頭ほどになる。乾いたボールにL卵白一個分と砂糖九十グラムを電動ミキサーで五分くらい泡立て、薄力粉《はくりきこ》一カップ（百グラム）とコーンスターチ二十グラム、抹茶二グラム加えてまとまる程の硬さに調整して三十個に分け、餡玉を包む。

フライパンを中火の弱にかける。樹脂加工のものが楽、無ければ鉄のを熱してうっすら油をひいて拭く。生まんじゅうに茶の葉か胡麻を少量押しつけ、その面を下にして軽く圧し、色良く焼いて裏面も同様に焼く。

出来上がりは直径三・五〜四センチのひと口サイズ。その日のぶん以外は冷凍しておけばしばらく安心。

ビタミンC

岡山駅の乗車券自動販売機では、廿日市《はつかいち》まで直通の券が買えない。〃みどりの窓口〃という部屋へ買いに行くと、近頃よほど行儀の悪い客が多いのか、入口からロープとポールで〃お並びどころ〃が作ってある。毎日が繁忙期でもあるまいにと思うけれどもずーっと置いてある。

三月に初めて見たとき、窓口職員に「感じ悪いね」と言ったが反応は無かった。

四月、左端の窓口に客が二人いて、右端に一人だけだったので、うねうね通路を通らず脇から直接行こうとしたら、

「お客さん――」

「失礼じゃないか」

これまた全く通じない。〝どこの駅もそうなのに、あんただけ守らん〟と言わんばかりの態度。空いた右端は無視して先客の後ろに並んだ。

月に一回とはいえ、どうにもカンにさわるので、少し割高にはなるけれども、それこそ月一なのだから福山か尾道で朝食にして、うっとうしい野郎の顔を見ないようにすればいいと考える。

五月の第二日曜日、岡山の街で用事を済ませてから快速「サンライナー」に乗った。いつもは福山までなのに今日は三原まで運転するという。では、三原駅近くにできたと何かで読んだ「秦森康屯《はたもりこうとん》記念館」へ行ってみようと思い立ち、車掌から乗り越し切符を買った。

昔の倉を使った小さな美術館を訪ね、初めて視る画家の作品や年表に、(敗戦後の大変な時期に家や肉親を皆失ったのに、どうしても、どうしても絵を描きたい、と思い続けていれば人間なんとかなるものだなぁ)と感心して駅に戻った。費やした時間を思い、巻きずしと缶茶を買って岩国行きの列車内で遅い昼食にする。

すし海苔は箸で楽にちぎれ、芯のセリがこぼれた。青と黄の色素で哀しくなるほど着色してある。お茶も飲み終わって、ふと側面の字に目が止まった。内容として〝緑茶、ビタミンC〟とある。そして、〝開缶後はすぐにお飲み下さい〟の一行。以前はこれがどういう意味なのか疑問に思いながらもわからなかった。

地域振興券が配布された余波で店が暇だった毎日、食品添加物とか生活毒物などという化学式のある本を読んでいた私は、岡山駅で腹を立てたばかりに今日、しっかりと理解できた。

缶入りの加工飲料には、合成のビタミンCが添加されている。これは、自身が酸化して飲料を守る保存料であって、消費者のための栄養ではない。その上、天然のV・Cとは違い、合成品は分解すると過酸化水素が発生し、開缶後は時間の経過とともにこの反応が進むとのこと。過酸化水素は活性酸素の一種。規制に大らかなわが国でさえ「食品中に存在してはならない」としている。

もちろん、缶ジュースや缶茶を二本や三本飲んだからといってすぐにどうこうということはないけれども、だ液中の酵素で毒をうすめるひまもなく、胃袋へ直行するものであるから、やたらに販売機のお世話になる習慣を持ってはいけないのだ。

余波と余波が出合った日のおはなし。

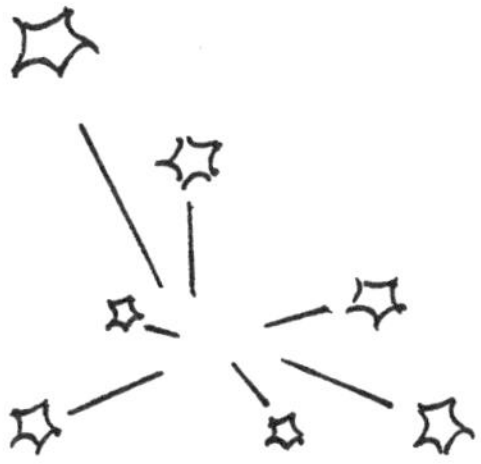

かためとうふ

（片目豆腐？　そんな……）

よくみると、凝固剤の欄に塩化マグネシウムとある。

「ははぁ、ニガリなのね」

普通の豆腐よりやや硬いですよという意味なのに、硫酸カルシウムと炭酸カルシウム（消泡剤）を使ったみずみずしく安い品に飼い慣らされて久しいものだから、一瞬、頭の中が接続不良になった。

豆腐や牛乳などを店では日配品というが、日中を仕事場に拘束される身では、買物日にメモと時計を見ながら何店かをまわるのが常。時に、そのメモを置き忘れたりすると、書いた時点で内容は安心して忘れているのだから、往ったり戻ったり間抜けなことになる。

そんなわけで豆腐は大抵二、三種類買って、日持ちしないものから使う。

木綿豆腐が安い日には、荷物の量も考えながら二丁買い、一丁は三枚におろして凸凹トレーに並べ、冷凍室へ。これは後日、根菜や乾物などと一緒に煮染めとなる。

もう一丁は水切り。パックの蓋の長い辺に、豆腐の両外側に包丁でスーと切り目を入れて凸凹トレーか小ザルと水受けの上に伏せて冷蔵庫へ。一晩おけばステーキ向きの硬さになっている。〝かためとうふ〟は、このところが短縮されるので、思い立った時にちぎって油焼きし、豚肉と野菜を加えいためるチャンプルーが手早くできる。本家の沖縄では味付けがどうなのかあまり知らないが、うちでは醤油コショウが好みに合っている。

近年、アメリカのバイオ企業が開発した大豆は特定の除草剤に強く、広大な農地に薬剤散布をする労力が省け、コストが抑えられるという。増え続ける人口のため食料を安定多量に供給できるとして、ナタネやジャガイモにもこの技術は使われ、害虫抵抗性トウモロコシなどというものもできているそうな。輸送しやすい形でわが国に入り、加工食品や外食の楽しみに潜り込んでいても、仕方ない。なにしろ食料自給率三十パーセント程なのだから。

ともあれ、植物たんぱく源であり、わが国の文化でもある「豆腐」は大切、安心して口にできる原料を願いたい。遺伝子組み替え作物が人間の体内でどうなるかについてはまだはっきりしていないらしいが、もしかして、少しくらいの異物はやっつけてやるぞという気概が、必要なのかもしれない。農業者が、農業で生活できる国であれば、と思う。

畑のブドウ

日曜日、午前中だけ手伝ってくれとのことであった。

五月晴れの朝、塗りたくるUVケア用品もないのでGパンに長袖シャツ、首にタオルをかけてサンバイザーを持ち、助手席に乗り込む。

数日前の夕方畑を見に行った彼は、「ブドウの花が咲いている」と言った。五日後までに房を整えて、不要の実を切除しなければならないという。

お手本に倣って作業開始。一時間程で、ためらい傷や切り直しは減り、サッサッとできるようになった。

二時間後、ずーと仰向いているので首が痛い。脳は三キロほどで、頭全体は何キロだっけ、などとヒマなことを考えながら切り進む。

三時間たった。時々じわーと頭を下げて、頸椎と筋肉を元に戻す。回数こそ少ないが、あちらもやっている。

「わたしの頭は重いんですわ」

「だから『しょうやぁ（一緒にやろう）』言うた」

「（労力を）分散したか、やれやれ」

スムーズにできるようにはなったが、細く尖ったはさみの先で指の皮まで切ってしまった。

手指を怪我しては自分の仕事に差し支える、用心第一。

腕時計が十二時をさす頃、ほぼ目途がついた。

「一人でやったら八時間かかる」

「これでは嫁さん来ないね、週休二日ぐらいにせんと」

「花の時期は仕方ない」

収穫は年に一度、売り場には色形の好い品が並ぶ、が、作業は年中ある。寒い季節には施肥や枝の剪定と切り落とした枝の処分、春になれば雨よけにビニールで屋根をかけ、枝の誘引やら房まびき、粒まびき等々。こうして粒を制限したあと種無しにする薬剤処理が二回あり、病気になれば治療も必要になる。わが国の果物が高いのはこのように手間をかけて、見映えのよい大粒種無しにしなければ収入増につながらないからであろう。先ごろ店頭でみかけた加温物のデラウエアは、一房で千円札が消える値段であった。消費者が居ればこそである。

食べ物が店に溢れている状況が長く続いて、選ぶ条件にファッション性も加わってくると、提供する側も生活のため、常に対応策を考えなければならない。

生産者と消費者の距離を縮めようとする動きもでているこの頃、子どもたちが各種農産物の育つ様子を見るだけでも、思考が深まるような気がするのだが——。

トマトの胡麻酢あえ

精進料理だといえば大層に聞こえるけれども、カタカナ野菜を日本料理に使って成功した例ではなかろうか。

南アメリカ熱帯のペルーとかエクアドルあたりが原産とされるトマトが、どんなふうに日本へやってきたのか。ヨーロッパへは十六世紀に、日本には十八世紀、アメリカへは十九世紀に伝えられたという記述がある。わが国では、初期には観賞用とされ、昭和にはいってから食用として普及したとのこと。いまの高齢者の中にトマトを嫌う人がいるのは、幼い頃に食べなかった馴染みのない味なのかもしれない。

「体にいいから食べなさいと医者に言われたけど」

と、砂糖をたっぷりかけて不服そうな顔で口に入れる。

夏も冬も店にあるのが当り前の世代ではサラダやソースなど上手に使う。品種改良によって糖度十八などという甘〜いトマトも現れた、イタリアンだのフルーツだのとオシャレな名前を貰って。そんなのは丸ごと可愛い形を生かすとして、果肉のしっかりした完熟大実のものを、ちょっと勿体つけて小鉢料理にしてみる。トマトは嫌い、という人に試してみるといい。

皮と種子を除いて食べやすく切ってボールに入れ、酢、醤油と少量の砂糖、すり胡麻であえるだけ。盛り付けた上に、すり胡麻をひとつまみ。

ジャガイモの味噌あえ

「昔の事じゃから、イリコ（煮干し）の頭と腹をとって半分に裂いて、ほうろく（素焼きの浅平たい鍋）で炒って擂り鉢で砕いてから、お味噌と、お砂糖もほんの少し入れて、ゆでたジャガイモをあえてみたのよ。いつもいつも、炊くばかりでは飽きてしまうから」

すみ子さんは、人寄せのもてなし料理を穏やかな口調で語ってくれた。子どもたちの日常着がまだキモノだった頃のこと。

「ジャガイモはさいのめに切る？」

「さいのめよりちょっと大きい、サイコロくらい」

スゴロクという遊びを知らない向きにはサイコロと聞いてもピンとこないかもしれないが、一・五～二センチ角と思えばよいのではないか。早速、わが家の本当に手抜き再現料理となった。

スーパーにある〝いりこみそ〟を一パック買ってきて、ゆでたジャガイモをあえる。天盛りはひねりごま。涼しい顔で食卓へ。

コストを抑えながらも美味しいと感じさせる〝いりこみそ〟だから、水飴、酒精、香辛料、調味料（アミノ酸等）というオマケ付き。ほうろくで炒ったイリコの香ばしさや、自家製味噌の旨みには及ばないけれども、安直な一品として、いまでも時おり登場させている。

コンニャクの天ぷら

煮染めを一食半～二食分作り、翌日か翌々日に風味衣をつけた天ぷらを出す、のは手間省き（手抜きではない）のスピード料理。手早い仕事にはそれなりに〝タネ・シカケ少し〟ある。

始めから作る時はコンニャクを拍子木か手綱にして水からゆで、削りかつおを効かせてうす味に煮ておく（一～二食前にここまでしておくほうがおいしい）。

汁気をきったコンニャクに茶こしか網杓子で薄く小麦粉を振り、青じそのせん切りやもみ海苔、荒刻みのクルミなど手近にあるものを混ぜた衣をつけて揚げる。

カラリとさせるために、小麦粉一カップに小さじ一杯程のベーキングパウダーを加えたり、粉の二十～三十パーセントを上新粉かコーンスターチに換えるなど好みによるが、市販の天ぷら粉の中味を参考にすればよいのではないだろうか。

コンニャク料理を「お腹の砂おろし」と年寄りは言う。体内の異物や毒物を排出する効果があるとされ、昔の理髪師は、知らず知らずに吸引している細かい毛髪を体外に出すために食べたとか。

揚げ出し豆腐

岡山に広島カープの応援団ができた頃、お世話の一人という店へ連れて行ってもらった。街の中心部から離れた静かな場所に、初老の、たぶん頑固親父であろうと思われる旦那さんと、彼につくして歳を重ねたような奥さん、広くはないが拭き込まれた店内。

その時分はまだ、揚げ出し豆腐をいつも上手にとはいかなかった私は、メニューの貼り紙にみつけるとすぐに頼んだ。他の品は覚えていないが煮物かなんぞで一杯となったのではないだろうか。

で、それが、待てど、暮らせど、出てこない。

油鍋に入れた時からずーっと音は聞こえている。

（そんなに長くかけて揚げるものなのか）

家では自分の気短かさ加減のせいでカリッと姿よく揚がらなかったのだと納得しかけたころ、注文の揚げ出し豆腐がでてきた。

冬物の抹茶碗くらいの鉢に、三百グラムの絹豆腐一丁が丸ごと入って、上の花かつおが湯気の動きにつれて踊っている。衣はサクッとして中はあつあつ絹ごしのやさしさ、露の醤油もくどくなく、味の素は感じられない。カルチャーショックで内心うなってしまった。

それからというもの、初めての店では必ず一度は揚げ出し豆腐を注文する。世間一般に生活のテンポが早くなり、一丁四百グラムの木綿豆腐は四つ割りから六つ割り、八つ割りへと待ち時間短縮に向かっているような気がする。

吸油量はこの際、考えないほうが身のため、であろう。

冷やしあめ風麦茶

年寄り育ちの箱入り孫で、子どもの頃、お祭りに小遣いを持って出掛けた経験がない。したがって、露店で売っている飲み物や食べ物には縁が無かった。味覚は幼い時分に養われるというのは本当のようで、これらは懐かしい味ではなく、馴染まないというほうが近い。

夫の勤務先の都合で田舎へ引っ越したとき、子供たちは学齢前だったが、じきに婦人会とかPTAといったお付き合いが始まり、企画する側に取り込まれてしまった。仕方なく、近くの印刷屋さんの台所を借りて夏休み向け「おやつ作り講習会」をした。

栄養士さんの住まいがすぐそばにあるそうで指導に来て貰ったが、不思議なことに、そこで習った種々のおやつはきれいさっぱり忘れ、メンバーの一人が家で作ってきた〝冷やしあめ風麦茶〟だけが記憶に残っている。冷たい麦茶にしょうがの香りと甘味が加わって、飲んだ人が「ひやしあめみたい」と言った。おいしいと思った。

お金を持たされず長い年月を旦那の管理下におかれた奥さんが、我が子から貰った小遣いでつまらない物をいっぱい買い込んでしまう話をいつか聞いたが、同じことかもしれない。自分の知らなかった味が沢山あると気付いてから、それは興味の的、宿題のように残った。タコ焼きを食べていない、ラーメン屋に入ったことない、めし屋って何だろう。自由行動できるようになってチャンスを逃さず飛びついたのは、育てた大人にすれば計算外だったかもしれない。しかし、だからといって、糸の切れた凧のように流れたわけでもなく、いまも好い人達の中に居れるのは、幼い子も大人と同じように、質素ながらも一人前ずつ飯、汁、菜を調え、本膳の形に配置して、姿勢や食べ方など行儀を厳しくしつけた祖父母のおかげであろう。

冷やしあめも串団子も、ソフトクリームもアメリカンドッグも、発明した人は偉いと思う。

蒲鉾《かまぼこ》と鱧《はも》皮

尾道駅の玄関に出ると、両脇にミスター・ドーナッツの黄色い幟が立っていた。前を行き交う車の向こうは海、ではなく、何やら一時凌ぎの建物が視界を遮り、レンタサイクルの看板がある。続きに急ごしらえの囲いがあって、若者がトラックからトロ箱を降ろしているのが見えた。内側を覗くと、少し離れて若いお母さんたちが子供服など広げている。フリーマーケットの準備中らしい。しまなみ海道が開通したとはいえ、本格的な対応は様子をみながらやりますわ、という雰囲気。

ぼつぼつとシャッターの上がり始めた商店街へ向かう。

梅雨に入ってからも真夏日や蒸し暑い日の繰り返しで、雨はしばらく外遊中。何かちょこっと買えるみやげがあればいいのにと考えながら、普段よりゆっくりと、歩く。

「おや、かまぼこ屋さんに人がいる」

「蒲鉾」という筆太の字と暖かい色の灯り、女客の後ろ姿が四、五人。へえ、早いねと一人ごちて自動ドアを開けた。

ショーケース内には板つきのやデザインものが並び、上の大皿には、奥の作業場から揚げては持ち出すてんぷら類。年増の三人連れは値段と品数を相談しながらそれぞれ数箱ずつを宅配便に、別の一人客は東京へ送ってくれるよう頼んでいる。

「二、三日中に召し上がって下さい」

売り子さんの言葉に女性たちは、え、そんなに早く傷むの? というような表情をちらっと浮かべた。日頃スーパーで買っている蒲鉾には大抵保存料が入っているので、開封しなければ家の冷蔵庫に一週間置いても食べられなくはない。ずいぶん前からそれが「当り前」になっている。特に高くもない値段で本物を堂々と売っているのは立派だと思う。

「あの籠に入っているのは何ですか」

「ハモの皮です」

鱧片身分の焼いた皮をくるくる巻いて、十センチ程の長さにまとめたものに輪ゴムが十文字にかけてある。一本買った。

帰宅してからびっくり。薄～い皮を細～く切ってトレーに載せた品とは違い、ふっくらこんがり身付きの皮に素晴らしく多い骨。

「これほど沢山の骨がなければ姿が保てなかったの」

包丁を研いで、気合を入れて切っても身がくずれるだろうと考え、毛抜きで骨を片付けて適当に切り、フライパンに並べて酒少々振りかけ、蒸し焼きにした。

またいつか、チャンスをつくろう。

蕗《ふき》の佃煮

弟さんが亡くなって、お母さんを一人にしておけないから彼女はむこうに泊まっていて帰れない、と聞いていた。

海千山千になるくらい幾度も苦難に遭った私の母でさえ、長兄の死に接して三日後に訪ねた時は顔が泣き腫れて、一・五倍にも見えたから、子に先立たれるのは大変な事と思われる。

日がたち、時々は家に帰っているとのことで、母御が少しずつ立ち直っておられる様子を想像していた。

やや細めになった彼女が現れたのは仏事が一段落した頃か、小さなビンを差し出して、

「母が作った蕗の佃煮です」

「え……?」

「毎年、山へ一緒に採りに行っていたお友達が、今年は一人で採って持ってきて下さったの。それを見て母はやっと、『あぁ、佃煮を作ろうかなぁ』と台所に立った」のだという。

軟らかい山蕗は皮を剝かず、落とし蓋をして醬油でコトコト煮詰めるお手間の味。

「善いお友達がいらして、ほんとによかったですね」

母御のお人柄を想い、何度にも分けていただいた。

ごぼうとチリメンジャコの素揚げ

例によって上野の「北畔」へ行った。

以前、テレビの料理番組に出ておられた人形作家・阿部なおさんの店、で知られている。アメ横の賑わいとは少し離れた静かな通り、どこにでもあるような間口の狭い、小料理というほど気取らない店。うなぎの寝床のような、カウンターに十席余り、後ろに差し向いが三つ四つあった、か。二階への階段は厨房の奥に、通路を曲がってから上がるようについて、表からは見えない。年期のはいった家で、余計な税金をとられない造りになっている。

「いぶりがっこ」とか「とんぶり」など雪国の郷ものが食べられるので、ビジネスマンが出張族を連れてくるようだ。姐御の姿がみえないのは、高齢で引退なさったのであろう。

戸口から四番めの、焼き方のお兄さんの手元が見える席に腰をおろし、あたりを見回す。

ふっくら色白の板長さんの奥で煮方をしていたおじさんが中年女性に変わり、サービスの女性も一人を除いて二人は新顔、なぜか奥のお帳場辺にかたまって、あまり動かない。先客との会話も内容のない愛想言葉ばかり。

(ずいぶんオバサンを傭ったこと)

メンバーが変わったせいか今風のメニユーがいくつか増えていたが、目の前の大皿にある「ごぼうとチリメンジャコの素揚げ」を指差して、ビールをちょうだいねと言い、戸口近くのテレビに目をやった。いろいろなユニフォームの選手、ああ、そうか、プロ野球オールスター戦今日は最終日、たしか倉敷のマスカット球場だったなと思ったが、気の毒なほどの雨。

焼き方のお兄さんは画面を時折チラッと見やるだけで、注文をこなす手を休めない。イワシに踊り串をうち、尾と鰭に化粧塩をもみつけ、全体に塩を、上のほうからパラパラッと振って業務用のガスバーナーへ。シール容器から付け合わせを取り出して皿に配る。形良く焼けたイワシを、串をまわし抜いて置き、あがりましたと声を掛ける。とてもおいしそうに見えたのでついでに焼いてと頼んだ。

二階の客への対応に追われるのか今度は手間取る。頬杖ついてテレビを視ていると、つなぎにどうぞと差し出されたのが、ごぼうとチリメンジャコの素揚げ。最初に指差して注文したとき隣の枝豆を持ってきた姉さんだ。

「これ、何だかわかります?」

「ごぼうでしょ」

「あ、聞いたんですか」

去年試したとも、好評なんですねとも言う気がせず黙っていた。例えば、聞いたんですかの後に「皆さん、何?　っておっしゃるんですよ」とか「うちの自慢なんですよ」と続けたとしよう。あるいは「あら、前に召し上がったんですか」とでも語尾を上げて言っていれば、もうひとことくらいは客の声が聞こえると思うのだが——。

それはともかく、これはおいしい。

ごぼうをチリメンジャコと同じ大きさ、つまり、マッチ棒を二つに折ったくらいに切ってアク抜きし、衣なしの素揚げにする。チップポテトを家庭で作るときのように油がまだぬるいうちに材料を入れ、時間をかけて、ジャコもごぼうもパリッとするまで揚げるのだと思う。塩味はジャコで間に合う。半々くらいだから。

素姓のよいごぼうを見つけたら、休日にでも気合を入れて、連れ合いを驚かせてもいいなと考えながらポリポリ。と、奥の客がお帰りで、オバサンが見送りについてくる。先頭の二人が外に出て三人がまだ内に残っている時、彼女がテレビをみて頓狂な声を出した。

「あ、雨ですよ！」

店の外にも今、降ってるよと聞こえるような大声。でも、東京はビール日和といえるほどの天気で、誰も傘など持ってはいない。「あら、倉敷は雨なんですね」と普通の声で言えばいいものを。

「気を付けにゃ、いけんね」

広島弁で思った。

茶漬煮

隣の夜型ガキの大声談笑は睡眠妨害、今朝もやられた。

二十分寝過ごしたのをどうやって取り戻すか。よせばいいのにコーヒー飲みながら、窓の向こうの元気な草どもを見て考える。ゆうべは疲れていて朝の用意まで手が回らなかったのだ。

「ナスを炊こう」

鍋に預ける煮物と味噌汁を二口コンロに頼み、顔を洗う間にやってもらうことにした。途中味付けに一度台所へ行けば十五分で両方できる。火を止めてから外を掃きに行けばよろしい。

冷凍庫の干しエビを鍋に入れ、水少しで戻す。ここで思い出した、頂き物のお茶漬の素。

昼が外食の人間は朝夕に野菜を補うから、インスタントのお茶漬は自分では買わない。

「鯛茶漬」の缶を開ける。アラレが有ろうと無かろうと、どうせフリーズドライのお魚さん少しに味の素たっぷりだろうから、ダシと調味料を兼ねるのではあるまいか。火にかけた鍋に食べやすく切ったナスを入れ、お茶漬半袋ふり込んで、オリーブ油二、三滴たらし、水をナスの半分足らずの深さにして、あとはおまかせ。味噌汁の具は昨日、端切れをついでに刻んでおいたキャベツとカボチャ、冷凍の刻み油揚げ、カットわかめなど放っておけるもの何でも入れて、おまかせ。ダシ兼用調味料は初体験、煮汁をなめて塩からいのにびっくり、ナスだけ皿に広げておいた。サブディッシュが野菜の煮物なのでメインは動物の焼き物、凍った生干しイワシを出してから掃除に行く。あしらいは、コーヒーの空瓶からミョウガのピクルスでも……。

メインディッシュはここ二、三日の食事の流れ、行動予定、在庫品などを勘案して決める。ただ、ホテルや喫茶店の朝定食と似たものにはしない。家で食べる甲斐がないから。食器も、朝の主菜に使う中皿は夕食には出さない。

夫が新聞を読むあいだ、かん冷《ざ》ましの酒を振りかけたイワシをフライパンに預けて蒸し焼きにしてもらい、猫の催促を優先する。

ナスの茶漬煮は違和感がなかったので、青菜もキノコも豆腐も、これでいける、お茶漬の素を使い切れると気を良くしている。

コーンフレークのおこし

近くの店で買える材料を、うちで使いやすい分量にした「チョー・ラクチンお菓子」を、このごろ作っている。大体、電子レンジ・クッキングというものは人様におすすめしないのだけれど、短時間の使用ならば電磁波、電気代とも「ま、いいっか」と——。

まず、白いマシュマロを一袋、百十グラム入っている。色や香料の強いものは向かない。それとコーンフレーク。これも余計なものの少ない、ブラウンシュガー二百十グラム一箱を買っておく。ピーナッツバターは和え物などに便利で常備してある。

有り合わせの十×二十センチくらいの金属製バットにオーブンペーパーをいっぱいに敷いて始まり。電子レンジに使える大きめのボールにマシュマロ一袋とピーナッツバター大さじ山二杯を入れてラップをかけ、五百ワットのレンジで一分半通電。プワーッとふくれたマシュマロの上にコーンフレーク半箱を入れて、スプーンで混ぜる。マシュマロが熱で糸を引いているあいだにフレーク全部にまぶす。はずれフレークが無くなったら型にあけ、上から別のオーブンペーパーを当てて体重をかけ、ギュッギュッと平らにならしてゆく。荒熱のとれたおこしを型ごとポリ袋にすっぽり入れて冷蔵庫へ。固まってから切り分ける。湿気ないように保存する。

市販の菓子に、いかに多くの甘味がつけてあるか、はっきりする一品。ではあるけれども、たまに甘いものを口にすると穏やかな気分になれる。理科の実験みたいで、子供なら楽しんで作るだろうと思う。

マヨネーズ①

マヨネーズは自分で作るのがおいしい。

乳化剤だの増粘多糖類などという添加物を使わないせいであろう。近頃は、低カロリー食品が売れるとあって油を澱粉や脱脂大豆に置き換えるから、なおさら滑らかさと味を補うものが要る。ただ、卵のサルモネラ汚染がいわれるようになって手控えているうち、横着病にも感染したらしく、控えっ放しになっていた。

一九八九年にＷＨＯ（世界保健機構）が対策についての指針を示したのだから、広い範囲にわたってサルモネラ保菌鶏が居るのだろう。飼料から体内に入った菌が卵巣や輪卵管にいて直接卵黄に移行するというが、ではなぜ、家庭で作るマヨネーズでの事故が圧倒的に多いとされるのか。ウマ根性を発揮した結果、わかった。酢の量を減らしてまろやかな味に調整する人が増えたのだそうな。

そういえば先年、大腸菌O—157が話題になった時、酢を使った料理がよいと聞いたような——。もっと近いはなし、風呂場の黒いカビに困っていると人に話したところ、竹酢を貰って振りかけたら簡単に落ちた、もらってあげようかと言う。そんなことなら一番安い酢でよろしかろうと、スーパーへ行った。五百ccの大方をバチャバチャ撒いて、少し時間をおいてからタワシでこすると、カビが楽に消えた。その後四か月、まだきれいなままである。

魚も、刺身を恐れて酢じめにしているではないか。ここまで考えてきて、マヨネーズ作りの復活となった。

年期の入った電動ハンドミキサー、ブレンダーというのが正しいかもしれないが、とにかく動けばよろしい。それに大きめのボール（アルミは敬遠）、ゴム輪（濡れタオルをたたんで置いても）でボールを傾けて固定する。卵黄一個と酢大さじ二、塩小さじ一をちょっと混ぜて、一カップの油を細～くたらしながら、ひたすら混ぜる。油が無くなってもまだゆるいと思えば油を足し、硬いようなら酢を……、きりがないから適当にやめる。

基本的なマヨネーズを清潔な小びんに分け入れ、冷蔵庫へ。使うときに香辛料などで味を調整する。ゆかりをほんのり加えると、薄く切って酢水でさっとゆでた蓮根や、塩を振って水を絞った細切り大根を和えてもよい。ずいぶん前に、

「きゅうりなますに少し入れると旨いよ」

八十歳過ぎの女性が言ったくらい、和食好みにも便利なソース。サラダでも、酢とコショウを足してマヨネーズの使用量を減らせば、摂取カロリーを気にするほどのこともあるまい。

マヨネーズ②

作ってから日の経ったマヨネーズは炒めものに使う。

買物できない日が続くと、夕食のメインディッシュをどうしようかと頭をひねるが、ひねったところで大したものは出てこない。

とりあえず鉄のフライパンを火にかけて、冷凍庫の品を動員する。刻み油揚げをひと摑み、カサカサして焦げ色が見えてからコーンと刻み葱、時にサクラエビも凍ったまま、そこへマヨネーズをまわし入れて全体に火がとおるまで炒め、醬油とコショウでハイ、一皿。

要注意は、コーティング加工したフライパンを長く空焼きしないこと。高温になると有毒ガスが発生して事件になりかねない。

マヨネーズは、なにせ油だから、早く使いきりたい時はふんわり煎り卵も油代わりにこれで作り、あとの鍋でシメジや細葱などを炒めて卵を戻し、味を微調整ってことも。

グラタン皿にマヨネーズを塗ってポテトサラダを詰め、クッキングチーズとコーヒーフレッシュを振ってオーブントースターに預けておけば、こちらでスープを作っていても適当に焼いてくれる。

が、しかし。

いつもいつも急場しのぎのスピード料理を食べさせていては根性がみみっちくなるから、二日がかりでしんみりと味を含ませた煮物も、段取りに知恵を使って登場させるようにはしている。

蕎麦のいなりずし

「会津若松からのお人がね、郷土料理を作ってきて下さったんですよ。着くとすぐに、これを冷蔵庫に入れて下さいとおっしゃってね」

会津若松って？　福島県、だっけ？　頭の中で、地図はおぼろ喰い気はバッチリ。

「そばずしを知ってます？」

「山口で、巻きずしになったのを一度」

「そうそう、海苔で巻いてあるでしょ。ところが、そうではなくて、いなりずしになってるんですよ」

「お揚げの中に、そばを、詰めてある？」

「ええ、私も初めてだったんです」

早速スーパーへ走り、いなりずし用の味付け油揚げを買ってきた。この商品も初体験。軟らかめにゆでた蕎麦に、すし飯程度の味をつけ、刻み葱をたっぷり混ぜる。油揚げを開いて詰める段になって、

「百パーセントの蕎麦でなきゃ、だめですよ」

念を押されていた意味がわかった。二八そばでは多分、しなやかに収まってくれないのだろう。それにしても、中身の詰まったものを上に向けて置くのか皿に伏せるのか、聞き損なったうっかり屋。考えた末に油揚げの端で蓋をして平皿に伏せて並べ、夕食となった。見た目は普通のいなりずし。酒に飯では同類とばかりに手を出さない夫に説明する。少し冷やしていただくと葱の臭みが気にならないように思ったが、皮と中身の割合がどうなのか、何度か試してみないとわからない。

その土地で採れるものを、いろいろにくふうして家族の体と心を養ってきた先輩たちの知恵に感服。私は油揚げを自分で炊かず、それでも、手間のかかることよと思ってしまった。

寅さんちのお団子

他国、他県の人達が集まる町ではあるが東京は、江戸文化の多く残るまち、緑は多く、古い地名の残るまち。おのぼりさんの私は、時間の制約があるから予め方向を決めては観て歩く。

葛飾柴又の商店街では、寅さんのイメージをそのままに残そうとしていた。菓子屋のショーケースの上には、アルミの蓋が斜めにのっている四角っぽいガラス瓶に煎餅や豆菓子が入っていたり、卓上に鉄製の器械を据えてハンドルを手で廻し、摺り氷を売る店もある。新しく建てたトイレも、いにしえの趣に溶け込むようなデザインになっていた。車寅次郎の口上に出てくる帝釈天は良い時代の面影を残していて、過去には賑わいの日々もあったように思われる。

（お団子といっても所によるでしょ、どんなスタイルで出てくるかしら）

珍しさに惹かれて入った下町らしい店。待つほどもなく出てきたのは、米粉に蓬粉を混ぜたような生地を直径二センチか、もう少し大きいくらいに丸めてゆでた感じ。瀬戸内人の想像と違って、餡が団子の一つずつに配属されていない。昭和初期に使っていたようなガラス皿に団子を小高く盛って、木杓子で掬った小豆こし餡をベチャッとのせ、ハイとやってきたのには些か気押されぎみだったが、飾り立てたものより好ましく思えた。添えられたスプーンも、もちろんクラシックなお匙。

別のお客さんが来て摺り氷の出番になった。期待どおり大きな四角い氷がのせられ、ハンドルが廻るたびに削られた氷が落ちる。受けるのは分厚いガラスで総柄の深皿、シロップをかけ同じく先細で肉厚寸詰まりの匙を差してできあがり。義母が嫁入り道具に持ってきた足踏み式シンガーミシンが今でも現役なのを思い合わせ、昔の道具はシンプルで長持ちするものだと感じ入った。

店を出て、でも何かみやげはないかと辺りを見回し、結局、筋向かいの団子屋で頼んだ。

帰宅して、自分では買いそうもない夫の前で開けると、折り箱に敷き詰めた蓬団子の上に、小豆のこし餡がラップで上下を守られて一面に広がっていた。

ニンニク味噌

手抜きのキムチを作りましょうと思い立ち、四つ割りにした白菜を平ざるに広げて干した。手間も材料も省こうとするのだから乱暴ではある。和韓折衷だか勝手流だか先ずはお試し。

しんなりした白菜をザクザク切って、せん切りの人参やリンゴと細く切った昆布、冷凍庫の干しエビ、三パーセント程の塩も混ぜて漬物器で圧した。水が上がったところでボールにニンニクをすりおろし、一味とうがらしを団子にまとまるくらい振り込んで、漬け汁をきった材料に混ぜて冷蔵庫に預けておいた。

一週後。なんとか食べられるではないか。カマンベールチーズも盛り合わせ、おつまみに。

ニンニクのすりおろしと、一味か粉とうがらし、それに味噌も合わせて冷蔵庫に入れておくと便利。作ってすぐでは刺激が強すぎるので三、四日寝かせて使う。

白菜やタクアンの古漬などを洗って刻み、このニンニク味噌で調えて再生したり、焼き肉、焼き魚、鍋物などにも応用できる。一度に沢山のニンニクをすりおろすのは指先が痛くて大変なので三、四片ずつが気楽。フードプロセッサーでまとめ作りしても、保存は小分けしておくほうが使いやすい。

一夜干し

大島へ釣りに行ってきましたと、きれいな小アジと若いサバを頂いた。この地に居を移してから、活きのいい魚にはお目にかかれないのを残念に思っていたところである。

小アジは背越しにして今日の膳に、サバは一夜干しで明日にと決め、早速下ごしらえ。サバを背開きにして五パーセントくらいの塩水に浸しておく。

小さいから三十分程で良いかな、と台所へ戻ってきたものの、はて、どうやって干そうか。ネットなど買ってないし、外にはたくましい野良猫やカラスもいて、物干し竿にひっかけておくわけにもいかない。以前に行ったすし屋ではガスコンロの上に、頭を下にした開き魚が二、三匹いたが、肝心の吊り具までは見ていなかった。

（なに、かまうもんですか、ぶら下げりゃいいんだわ）

目玉クリップで尻っぽをはさんで流しの上に止め、窓を全開にしておいた。

翌日の夕食。小振りなサバはトースターに任せ、二口コンロで煮物、和え物、リフォーム、アレンジ。上火の効いたサバは皮のほうが少し縮んで格好良く焼けている。旨い。

一夜干しは鮮魚に限る。

グリーン・インテリア

有り合わせの小鉢やコップに水を入れて大根、人参、サツマイモなどのヘタを生けている。他にも芹、三つ葉、豆苗など根付きで売っているものは上を使った後の根を、同様に生けておく。すると、数日で芽が出てくる。

大根も人参も六、七センチばかり葉の出たのは、眺めるのも楽しい。

「ここまではするんですが、あと、どうすればいいんですか?」

(どうすればって、わたしゃ食べようと思ってやってんだから……)

こんな乱暴な物言いをしてはいけない。

「え、それはもう何にでも。刻んで味噌汁に入れたり卵焼きに混ぜるとか、人参なんて細かく刻んでカレーライスに振りかけてもいいですよ、パセリみたいに」

「あぁ、あぁ、なるほど、そうですねぇ」

スーパーの人参でも可愛い葉っぱが十センチも伸びるのだから、包丁でヘタをスパッ、ポイではもったいない。しばらく目を楽しませてもらってから、いただく。

芹や三つ葉、葱の根は、庭か植木鉢に植えておくといいように思う。

食べる目的の栽培ながら、かわいいですねなどと言われれば、わが舎のグリーン・インテリアだと涼しい顔で応える。調子に乗って清浄野菜よ、とも。

百合根《ゆりね》の花

一度、花を見たいと思っていた。お正月が近付くと店頭に沢山並び、時には、飲食店の膳に載る茶碗蒸しにも入っている百合根。大好きなのだが値段が高い。ならばと、年明けに安くなったのを数個買って、裏の畑に埋めておいた。小振りな球根だけど来年はもうひと回り大きくなって、窓を開けると花が見えるだろう、と期待して。

その花が、咲いた。一メートル程もすらりと伸びた茎の上に、まあ、なんとも控え目なオレンジ色の花が、きのう一つ、今日二つと咲き上がる。

（なんじゃ、こりゃ）

切り花と球根の両方が手に入るはず、だったので些か拍子抜け。

「天は二物を与えず」とは、こんなものにも当てはまるかと感心しながら図鑑を開いてみると、これはコオニユリ（小鬼百合）であるらしい。では、オニユリ（鬼百合）はとページを繰ると、これも食用とあり、甘煮、きんとん、汁の実などと書いてある。

安い百合根は安いはずで、小オニユリだから球根は小さく、土に埋めていても大きくはならないのだった。

オニユリの球根はやはり、まともな代金を支払って、鱗片を小分けして植える、か。でも面倒、食べるほうが早いよ、花が少し大きいだけだもの。

食う寝るところ①

緩やかな広い石段を二、三上がり、上野恩賜公園とはどんなところ？　五分程でさーっと見てこよう、として足が止まった。広場の中央にある四角な池の縁に上半身を載せて、男の人がうつ伏せになっている。顔が水面に届きそうなくらい、前のめりのまま、動かない。

（死んでるのかしら）

用心して距離をとりながら進む。

と、右手が動いた。水中から、布切れを握った手が出て後頭部をひとなでし、また、だらんと水中へ落ちた。九十度横の縁にはダンボールをつぶしたベッドに仰向けの男が眠っている。体格からすれば三十歳より前かもしれない。

今年の暑さは格別で、猛暑という言葉さえ物足りない感じ。朝八時をちょっと過ぎたばかりなのに、土に染み込んだ尿の臭いが陽に焙られて立ち昇る。前方の樹木の下に「ずーっとお暇な人」が何人も、まだ寝ている。起きだした人もちらほら。

（これ以上入るのは無理だね、写真なんか撮っては危ないよ）

立ち止まり、汗を拭いていると、奥から小肥りのおじさんが団扇片手にやってきた。

「暑いな、姐さん」

年期の入った暇人とみて返事をせず、折り返す。

さきに見なかった反対側の植え込みのそばでは、五十代後半か六十歳くらいに見える男性が先程まで寝ていたダンボールの周りを、紙袋を箒代わりにして掃いている。つい最近まで家庭も肩書きもあったのではないだろうか。

不忍池の畔まで来ると、ゆうべあったらしい骨董市の名残があちこちに散らばっていて、テントが数基と撤去を促す看板が並んでいた。また、さきの小父さんが団扇でせわしくあおぎながら通りかかった。白いTシャツに空色がかった灰色のイージーパンツ、口先ばかりで暮らしているせいか腹の弛んでいること。

「また会ったな、姐さん。お茶飲みに行こうか」

ただの挨拶ことば、首を振って、移動すると来なくなった。

蓬の花が見頃で、撮りに来た人達を見ながら下町風俗資料館の開館を待つ。大きなピンクの花の前でスケッチしている男性は、頭に豆絞りの手拭いと、つば広帽子を重ねてかぶり、愛用のブルージーンズに長袖デニムシャツ。鉄柵にもたせたベニヤ板に目玉クリップで大判の画用紙を止め、何枚もなん枚も描いている。

次第に人が増えて、柵に空きがなくなってきた。みな一眼レフのカメラに大きなレンズを着け、三脚など立派なお拵えで、私のようにコンパクトカメラを向ける人はいない。長く生きて猫背になりかかった女性も、ちゃんとした道具をお持ちで、感服のいたり。

ところが、この道にも「家なき子」がいた。くたびれたキャミソールに木綿のスカート、元はカーディガンだったかもしれない薄手のニットを肩や腰に巻いて、タバコを吸いながら歩く十代後半の子。どんな物を食べているのやら――。

管理と効率に偏った、ゆとりのないこの国で、色々なしがらみから積極的に逃れて来たのかもしれない彼等は、秋に向かい冬になると、どうするのか。みんな、働けば働けそうな人ばかりなのは不気味である。
一方では、早朝に家を出て満員電車に揺られ、勤め先近くの駅で新聞を読みながら機械的にワンプレート・モーニングを口に押し込んで、そそくさと働きに行くサラリーマンの姿。新聞三種にコーヒーとタバコだけの人も居て、これで日本が豊かな国といわれても、どこに根拠があるかと言い返したい気分。こんな貧しい朝食で、どれほど良い仕事を続けられるか、家庭で父親の役がつとまるか、それこそＣＭに出てくるようなサプリメントにお金を費やさねばなるまい。

半日だけ得られた自由だった。そのため交通の便利なところを選んで行き、国の病気を見てくることになった。

食う寝るところ②

台東区立下町風俗資料館の一階には、昔の長屋が再現してあった。共同の洗濯場に井戸があり、使い込まれた盥《たらい》に洗濯板、大きな石鹸も受け皿に入って、ちょうど今朝の洗濯タイムが終わって水気が乾いたところへ行き合わせたような気持ちになる。流れ出た水は、ドブ板と呼ばれる蓋付きの排水溝に入り、溝は両側の家から打ち水も集めて行くように造られている。板の端を削り落として下駄や草履で歩きやすく、掃除もし易いくふうをした蓋に、今となっては感心してしまう。

家々の軒下に吊した物干し竿に、繕いながら長く着た仕事着、じゅばんなど、シワを伸ばし形を整えて干してある。ほどいて別の物に仕立てるつもりの布は、壁に立てかけた板に張りつけてあった。

駄菓子屋の店先には水瓶が置かれ、ばら売りの菓子や遊びものが、ちまちまと並んでいる。奥の四畳半程の座敷には丸いちゃぶ台、丸盆に載った茶飲み用具には白い布巾が掛けてあり、店番は若くない女性だろうと思われた。端布で作った座布団一枚、小さな収納家具、姫鏡台。おひつはあったが煮炊きをするスペースがない。

隣の職人宅は世帯持ち用で、入口の右奥に単純なかまどがあり、頭の上には神棚が吊ってある。火消し壷、十能、大小のやかんなど揃った炊事コーナーの足元は三和土《たたき》。現代では外国の材料や調理法が入って一週間でも献立の重ならない日を作れるが、昔は季節に出回る品を煮る、焼くなど簡単なものだったのではないか。味噌汁の具材や惣菜などは売りにきたであろうし、テンプラや握りずしが町のファーストフードになって一つずつ買えた頃かもしれないから。

六畳ほどの座敷には整理箪笥、鏡台、くずかご、食器戸棚と並び、長柄の箒とはたきは壁にぶら下げ、衣紋掛けに通した旦那の着物はかもいに引っ掛けてある。中央の長火鉢にやかんが載って、そばに徳利と盃、丸盆の白い布巾の下はおかずか、お茶か。

裏手へまわれば軒下に干し物、濡れ縁には、足を拭いて上がるように、もらい物の手拭いを絞ってきちんと畳んで置いてあった。

風呂と便所が共用、というのが今の暮らしからは不自由に思えるけれども、これは反面、汚れ物から離れているといえる。無駄のない、必要な物だけの住まいは、実に合理的な造りに見えた。

冷蔵庫もテレビも、ゲームや雑誌も無い。が、帰ってくる人を待つ真っ白い布巾の下に漬物一鉢あるだけでも、一緒に食べる人の居る嬉しい家庭ではなかろうか。毎日毎日忙しく、お金で時間を買う近頃の生活に較べて、昔の長屋住まいが貧しかったかどうか——。

魚の煮付け一皿にも、

「おっ、御馳走だな」

と言えるほうが、幸せのように思われてならない。

食う寝るところ③

上野精養軒へ、ハヤシライスを目当てに行った。

期待に反してか認識不足か、お昼をいただける店に来るのは四輪駆動車やワゴン車で、町なかのファミリーレストランへ行く様子と変わらない子ども連れ。窓外の景色が俗になったことも影響しているのだろうか。

メニューには贅沢な材料を使ったものも出ていたが、ちょっとした昼食には量が多すぎて手が出ない。伝統あるハヤシライスは、三日がかりでソースを作ると書いてあった。穏やかな口当りの一皿はさすが、世が世ならば、質の良いお客が足を運ぶであろうのに、とガラス越しの空を眺めた。

西洋料理がもてはやされ、ナイフでフォークの背に無理やりご飯をのせて口に運んだ紳士・淑女はさぞ緊張したことであろうと思うが、近頃のように、大方が屈み込んで食べるようになると、ごくまれに、背筋を伸ばして手つきも美しく召し上がる女性を見かけたときは、ご家庭の日常までも偲ばれて、心洗われる気がする。

椎茸の浸け水

「主人は毎日うちに居るものですからテレビで〈みのもんた〉の番組をよく視るんですよ。それで、体にいいというものを次々に、あれ買ってこい、これが体に良いそうだって。この頃はキノコがいいとかで、晩に椎茸を水に浸けておいて、朝、その水を飲むんです、茶色になったのを。私も飲んでみたら、香りがいいんですよね」

定年後、二十四時間を支配する身になった旦那様と、「ずーっと一緒に居るのは息が詰まるから図書館へ行って、五冊くらい借りてきて読んだり、時にはお昼帰らずにカレーを食べてきたりするんです」と。

敗戦の時六年生だった、ということは、まだ六十代後半。

「じゃ、(旦那様は) 少しくらい食べごとをなさる？」

「いいえ。まあ、チンすればいいようにしておけば、食べてくれますから。お好み焼きがすきなんですよ。でも、一枚では多いから半分残したのをラップしておくとか、ね」

お勤め大切に、誠実な暮らしをしてこられた初老のご夫妻、娘さん一家と二世帯住宅で過ごされる毎日とは、どんなものだろうか。掃除機をかけてもらえるなんて、結構な奥様、かな？　これまで叶わなかったことが現在の静かな自由だとすれば、他人がとやかく言う筋合いもないけれど、お二人とも梗塞系の病気持ちとは難儀だこと。

そんなことより椎茸の水。

健康のためといわれても私は飲みたくないが、残った椎茸はどうなるの？

「一つずつ冷蔵庫に入れておいて貯まったら、こんにゃくなんかと一緒に炊くんですけど。大分（県）の椎茸を、こんなに大きな袋で三つも買ってあるんですよ」

（そりゃ大変、わたしでは勤まらない）

つい、かき回したくなる。手抜きではこちらが先輩とみた。

「私なんか横着ですから、頂き物の椎茸を手でポキポキ割って、あしたの味噌汁用の鍋に直接入れるんですよ。晩の片付けのあと小鍋に水と、煮干しも一緒に入れて」

意外そうな声が返ってきた。

「朝、味噌汁を作られるんですか」

「ええ、御飯にしますから。具を沢山にしてね」

昼のみのもんたは長く続いている番組だから欠かさず視て、体に良いといわれる物を食べ、効果ありとされる運動を行なっていれば、気分的には楽かもしれない。しかし、この奥様は何故にこうまで旦那さまの言いなりになるのか。この世代、主婦専業であってもパートナーとして信任され、情報提供や精神的支援などを含め諸々の仕事の報酬として自分の生活費を夫から受けていたのではなかったか。報酬に値する役割をこなしていれば、何十年も積み上げてきた知識と技能を持っているはず、しっかりと自分の考えを主張すればよいものを。

派手な身なりでもなく、本を読むのが好き、産地と知られる大分県の椎茸を買う人ならば、輸入野菜が急速に増えつつある店内でも国産を選ぶ、かどうか。ま、年金暮らしなら安い外国ものを買うかもしれないと、わが国の農業の先行きまで思われる世の中になった。

グレープフルーツの胡麻醬油

果物の籠盛を貰ったけど、と貰ってしまった。好奇心から一つずつ手にとってみる。フィリピンのバナナ、フロリダのグレープフルーツ、イスラエルのスウィーティ、弘前のリンゴ。何も書いてないミカンは広島産か。ともあれ、グレープフルーツの酸味はどうすれば和らぐの？

（ええ、面倒くさい、来た人に食べさせよう）

皮を剝き、スパスパと一口に切ってボールに入れた。お醬油たらたら、すり胡麻たっぷり、かくし味ほどの砂糖も入れてまぜまぜ。

「へえ、グレープフルーツの苦みが少し食べやすくなりますね」

A夫人のおことば。ではB君は？

マイルドな膾《なます》ならどうにか、くらいの人が辛抱に終わりまで口にいれた。
夕食時、ちょっといい小鉢に三口ほど、胡麻をもうひと振り。OK、片付いた。

黒いおでん

「真っ黒のおでんを食べに行こう」

と聞いてから、日程の噛み合わないこと久しく、数か月後の十月下旬にやっと実現した。

広島には味噌おでんが昔から伝わっていると聞いていたが、東城町のそれは煮込みおでん。なんでも、おじいさんの代からずーっと同じ煮汁を使い続けているのだそうな。話はいくらか大げさだろうと思いながらも、「真っ黒の汁の中に長～い箸を突っ込んでタネを探す」といわれれば興味半分、感心半分。

昼食時間には車が置けなくなるからと早めに行ったので、大きな鉄鍋の中はフル装備になっていた。なるほど長い菜箸が、向こうとこちらに添えてある。食器棚から皿を出し、好きなものを取って後、計算の時に申告するのだという。特別変わったものは入ってないように見えたが、中は深くて黒い。ご飯と一緒に出された沢庵漬は荒く刻んであって、誰にも食べやすく配慮がしてある。

先客グループが立って行き、黒っぽいスーツ姿が来て、またすぐ現場組四人、あと内勤らしい人達が来て、店内はほぼ満員になった。

「ビールを一本貰います」

奥へ声を掛ける作業服。湯沸かし器の湯気の中、てきぱきと洗い物をしながら「はーい」と奥さんの声。後ろ姿ながら、子達は中学生？　高校？　くらいの夫妻が厨房で立ち働いている。

「もう火鉢が出ている」

「どこに？」

おでん鍋に続く机の上に大きなやかん。あら、五徳に載っている。火鉢は机の下にあるという。机というのもおかしいけれど、昔の、木製会議用机を二つ突き合わせに置いたようなのが食卓。

めずらし、めずらしと眺めていないで、まじめに食べ終えて席を空けなければなるまい。

女一人ではチト入りにくいが、いまは、こんなところに普通のおかずが置いてある。菜っ葉のあえもの、なます、焼き魚などが、こぎれいに盛り付けられて戸棚に並んでいた。大人の男たちが日常食として選ぶのは、いまどきの若向け雑誌にあるような「こてこて」「巻き巻き」「のっけ盛り」ではないのだと、再認識させられた。

とうふこんにゃく

中国道上り線（帝釈峡方面行き）の七塚原サービスエリアで買ってきた我が家のみやげは「とうふこんにゃく」。往きの休憩で目についた途端「なんじゃ、こりゃ」と買ってしまった。

運転手が苦笑する。

「重いのに」

「上りと下りでは店が違うんよ」

正解。下りでは買う物がなかった。

豆腐でなし、こんにゃくでなし、白いこんにゃくというものか。刺身のように切って添付の味噌だれを付けて食す、冷やしても暖めてもよいと書いてある。これは、こんにゃく粉と水だけでなく、豆乳を入れて、凝固剤は？　やはり水酸化カルシウム（消石灰）で練った、のではないかと想像する。

むかし、粉を買ってきては家でこんにゃくを作っていたことがある。なぜかスーパーのよりずっとおいしい。今度こんにゃく粉に出会ったら、試してみよう。

箸置き

「これは、なに？」

来年あたり、小学生になるかしら、と思われる愛らしい坊ちゃんが、メニュー写真の一個所を指さしてお母さんに尋ねた。

「箸置きよ、うちでは使ってないけどね」

とてもやさしい声。写っているのは平らな焼き物で、猫の形に打ち抜いてある。まんまる目の黒猫が、ずんぐり体型でお座りしていて、大きな鈴の下にＴＡＲＯとあり、結構かわいい。

もう一人、抱っこの妹が居る。まだ大変でしょうねと言いながら、そのうち特別な日の夕食だけ箸置きを使っては、とおせっかいな口を利く。

よそ様のお宅へ伺ったとき、たまたま奥で食事をなさっている折りがあった。食卓に箸を、ばらばらと置く音は離れた玄関にいてもはっきり聞こえる。毎日の習慣で、同席する人が平気ならばずっとそのまま、気付くこともない。

近頃は孤食が増えていると聞く。家族の生活との時間的なずれ、あるいは人と関わる煩わしさを嫌ってとか、空腹を満たすだけのために食べ物を胃に流し込む子どもたちがいるようだ。誰も居なければ「いただきます」「ごちそうさま」を言わなくてもすむ。残念ながら、食文化とは無縁の世界。食物を手に入れるプロセスも、料理して口に入れられるようにしてくれた人の労を考えるゆとりもなく、まるでビジネスマンの立食である。

そんな環境が広まっているせいか、食べ方のきれいな人をあまり見かけなくなった。テレビ画面の影響も大きい。撮り方もよろしくないが行儀の悪さも少々でない。毎日のように見せられては、あれが普通と思ってしまう。ひどかったのは偶然目にした番組で、子どもたちが作った料理を大人が試食する場面。アウトウエアである厚手のパーカーを着込み、キャップをかぶって食卓につき、肘をついて食べながら料理の批評をしている若い男性、作った子たちへの礼を欠く無様な姿であった。

自分以外の人との関わり方を習得する最初の場は家庭、食べ物を分け合うことから始まる。集団生活に入ってから初めて「気遣う」ことを努めさせられるのはしんどい。先のお母さんは、坊ちゃんの素直な様子から、食事時の挨拶などは教えているように感じられた。小さい人が居るあいだはお母さんも落ち着けないけれど、バタバタしないで食べられるようになったら、たまにはお母さん自身に「良質の時」を確保できればいいなと思う。

上等のお酒を貰って

普段は買えないお酒を、連れ合いが一本戴いてきた。すると、まともなおかずを作らねば、なるまいか。

善は急げ、今日は買い込んだ食材が多い日曜日。主菜は市販の蒲焼きを使った〈う巻き〉（最初から手抜き）。戻しておいた切り干し大根・山くらげと油揚げの煮物はコンロに預け、もう一方で舞茸と牛赤身肉のしぐれ煮、小芋の辛子あえを作る。なんだか色どりが暗いなと凍ったミックスベジタブル少しと法蓮草を一緒にゆでて胡麻あえにし、小蕪の甘酢漬もちょっと。材料は、小芋以外どれも少しずつ残しておいた。

次の日。三分の一の蒲焼きとごぼう、舞茸、人参、法蓮草をみな細切りして卵とじ。アボカドは一センチ厚みでわさびじょうゆを添える。今日は帰りが遅くなるようだから、沢山は要らない。小さなおむすびにキャベツの浅漬、味噌汁があればよかろう。

火曜日。今日の主菜は焼き魚。おととい待ち合わせに使ったデパートの地下で活きの良い小アジを一盛買って一夜干しを作っておいた。残りは壷抜きでエラと内臓を取り出し、冷凍してある。あしらいは、おろし大根と刻みラッキョウに一味とうがらしをひと振り。副菜は白菜の軸（葉は先に使った）、人参、蕪、厚揚げ、ひと干し椎茸など有り合わせの野菜に早煮昆布も入れて手間いらずのあんとじ。蕪の葉はさっとゆでて刻み、炒め煮、これも少し残して明朝の卵焼きに添える。もう一皿ほしい。通りがかりに作りながら売っていた黒豚シュウマイを、金ざるに入れて、ぴったりの小鍋にのせて蒸す。その際、水が湯になるのをただ待つのは勿体無いからジャガイモの四つ割を入れておいた。

生椎茸は安いのを見かけた時に買って傘と脚に分け、平ざるに広げておく。少し軽くなったのは細切りして炒めても、辛子あえにも使い易い。脚はまとめて姫フォークで裂いて炒り煮、かき揚げなどに。時を逃して干からびたらダシ取りにと気楽な扱いをしている。

水曜日。会社の飲み会があるとのことで、繰り回しのきくものを二品。焼豆腐と法蓮草の味噌マヨネーズ焼き、これは翌朝へまわった。糸こんにゃくの粉節煮、これも後へ回すことにして、自分用は小アジの一夜干し（余分に作っておいたのは正解）と、ゆうべ残しておいた煮汁にさつまいも、葱、焼き麩などを足した煮物。

木曜日。酒どころの町で会議のあと懇親会といい、どうせ遅いだろうと思っていたら意外に早く帰ってきた。

「スシとソーメンを食べたら腹一杯になった」

一番にのびて人様に迷惑をかけないよう、料理を食べるんですよと送り出したのが効き過ぎたのなら長屋の熊さんだが、五千円の会費だからこんなものかと思ったが料理は粗末だったと言うので、笑うにも笑えない。焼いた手羽先を、お湯でゆすいだ市販の黒豆煮と合わせて炊いたものでビールと酒を少し。

こんな、手抜きラクチンおかずはコンロに頼んでタイマーをつけておけば、自分の仕事に気を取られていても、火事には至らない。

金曜日。小アジの唐揚げと山芋の素揚げ、ゆでキャベツと海苔のしょうが醤油あえ（ゆで汁は明日の味噌汁に使う）、糸こんにゃくの粉節煮、もやしと細葱を沢山入れた焼きそば。

土曜日。こちらが留守。

日曜日。駅の売店で買ったガス天（瀬戸内海の小魚を使った崩してんぷら）のさっと焼きに甘酢しょうがを添える。小芋とブロッコリー・焼豆腐の旨煮、豆苗とエノキ茸のピーナッツあえ、白菜漬などで、風邪気味といい、あまり飲まずに寝てしまった。

月曜日。豚大根、板わさにラッキョウスライス添え、レンコンの辛子味噌あえ、海苔の浅炊き、紫米と塩昆布混ぜ色付きミニおむすび、油揚げと焼き麩、刻み葱の味噌汁。

寿司海苔は頂き物が重なった時など、ちぎって鍋に入れ、水をひたひたに加えておく。朝、出掛けにしておけば晩にすぐ炊ける。煮溶けてから味醂と醤油で調え、水分をとばして出来上がり。寿司海苔一帖炊けばお隣さんへも分けられる。

一本の酒をこれ程何日もかかって大切に飲み延ばしたことは、記憶にない。大抵三日もあれば片付くのだから。それにしても、こうして書いてみると結局、気を入れておかずを作ったのは最初の一日だけではないか。食品添加物の少ない品を選びはするが、市販の惣菜を使わない訳ではない。ただ、ゆすいだり、何かをプラスして味の微調整はする。なにせ、「今日はこの冬一番の寒さ」だの「今日が一番暑い日」などと温度計より先に言って飲み物を出してくる御仁、「速く」は命題といえる。

ともあれ、きのうから今日、今日から明日へと切れ目なく続く食、毎日毎日張り切って煮物、焼き物、和え物、汁ものとがんばるのは、ま、無理だ。たまには研修、探検という逃避を入れよう。

残し物

何日分もまとめて作ると、無駄になったり嫌になったりと、うまくいかないので二回分迄にしている。乾物を戻すとか卵や芋をゆでるときなども。葉菜類やサヤマメを少量ゆでたいと思えば、その沸騰中に入れればＯＫ。ちょっと多め、のサブディッシュからの取り分けが明日の付け合わせにもなるし、あすの夕食用の煮物を今夜、片付けのついでに作って時間を浮かそうとも考える。

ただ、残し物を先夜と同じ雰囲気では出さない。例えば、根菜類の煮物には新鮮な青味を加えて、また、刻んで白和えや、かき揚げにもできる。中から小芋と人参だけ取り出して切り直し、粉かつおやもみ海苔、すり胡麻などをまぶして小付けにするなど、姿を変えるほうがいただきやすい。

要は、一日に赤身肉や魚を七十グラム（和食の一皿くらい）、卵一個、芋は百グラム（ジャガイモ中一個ほど）、他の野菜と海藻で四百グラム、それに豆と乳製品、穀類というのを目安にしていれば、ひとまずよろしいのではないだろうか。一度、重量を計って、このくらいのキュウリは百グラム、人参は大きめのが二百グラムあるのだなと目分量を頭に入れ、あとは一週間くらいの大ざっぱなサイクルで楽しく食べ、忙しさを感じるほどに働いていれば、国民健康保険の赤字を増やさずに済むのではないか、と思っている。

豚大根

店で売っている〝おでん〟には大抵、大根が入っているけれど、おでん大好きなのに〈煮た大根〉は嫌いという。しかし、旬ともなれば我が家のインスタント農法でも少しはできる上に貰うこともある。

少量の切り干しなら平ザルに広げ、割り干しも針金ハンガーか物干しにロープを張って掛ければ間に合うが、長期保存の切り干し大根をと、早朝に切って夕方取り込むなどという芸当は元気な休日と晴天が重ならない限り無理なこと。で、大量消費料理が生まれた。

下女大根　五百三本ほどに打ち

杉浦日向子先生の『大江戸美味草紙』に出てくる腕っぷしの強い女になって、大根一本全部を、千六本の半分といわず二百五十本くらいに荒く縦切りして鍋に入れる。火にかけて、豚赤身肉五十グラムほどを適当にちぎって散らし、煮干し数匹、油大さじ一杯まわしかけ、鍋返しで油を全体にゆきわたらせる。酒と水で二カップ程にして加え、透き通るまで煮て醤油で味付け。一、二食前に作っておくと味が馴染む。

〈煮た大根〉、大一本分が二回で売り切れ。

揚げ出し大根

たびたび作るものでもないけれど、気分の落ち着いている日に。

中くらいの太さの大根を六センチ程の長さに切って縦半割りにし、かまぼこ型の曲面に斜め格子状の包丁目を半ばまで入れて素揚げにする。中火の弱でゆっくりと。その間に天つゆとおろし大根を用意。配膳の段取りもしてから、あつあつの天つゆと大根を小鉢に入れ、おろし大根をのせて七味とうがらしを振る。どちらかといえば大人の味。

焼き大根

蓮根《れんこん》を焼いたら旨いと、呑んべ同士の情報。こんなふうに、と実演して貰ってふんふん、なるほどと貴方まかせ。その大根版がこれ。ただ、大根のほうが水気が多いので四ミリ厚さに切ってから平ザルに広げて半日くらい風干しする。金網か鉄板を熱くしてから火を弱め、両面を色付く程に焼いて、七味とうがらしを振つた醬油をつけていただく。これは、できれば焼きながら、熱あつのほうがおいしいと思う。

椎茸飯

「二階建てのバス旅行を申し込んだから」あした、そごうのバスセンターまで出てこいと舅からの電話。そんな、人の都合も聞かずにと怒ってみても仕方ない。彼はなんでも突然言い出し、その時は既に動き始めている人。受けた側は時間もお金も余裕のない身、ハテ、どうすればよいかと考え込んだ。

しかし、親の言うことではあるし、まぁ、天の神様が何とかして下さるだろうと、岡山駅から新幹線で広島へ駆けつけた。オシャレもなにも言うどころではない。九州で上着が脱げればよろしかろう程度で、傘と安物のカメラをバッグに入れただけ。

二月のはじめか中頃だったか、岡山では雪の季節なのに、鹿児島ではエンドウの花盛り。人の企画について行くだけの旅は印象が薄く、記憶に残るものは少ないが、庭前に屋根付きの墓所がある家々を見て、良いことだなと思ったのと、熊本での昼食だけは憶えている。丼飯に味噌汁とタクアンというシンプルなもので、淡く色付いたしょうゆ味のご飯を、何度口に運んでも、小さく切った椎茸しか出てこない。

（どうして美味しいのだろうか）

出がけに給仕の女性にたずねると、椎茸を炒めて味を付け、煮汁を加えて水加減をした米を炊いて、あとから椎茸を混ぜるという。

もう、二十年くらい前のことになってしまったが、この手法は人参、大根、里芋、ごぼう、こんにゃくなど野菜を使った炊き込み御飯に応用すれば美味しくできる。

お焼き

電話で近況を話していたら流れが〈お焼き〉に向かい、今風の卵ご飯を焼く話になった。デパートの物産展に来る〈縄文お焼き〉は、小麦粉の皮にあんを包んで両面を焼いたもの。まんじゅうの中身に味付けした野沢菜だとかカボチャとか、シメジやナスもあったような——。土地の産物をくふうして大切に食べた昔の知恵を、さらに発展させたもののように思われるが、いまの若いお母さんたちも豊かな発想でがんばっている。

卵ご飯のお焼き

現代版はお手軽、スピーディ。ご飯に生卵と醬油を混ぜて、そのままか、あれば削り節、チリメンジャコ、サクラエビ、刻み葱など好みに加えてフライパンで丸く、平たく焼く。直径八センチくらいが扱いやすい。タレはポン酢、ラー油を加えてもよく、変だけれど味噌マヨネーズなんてのも合うから不思議。

ジャガイモのお焼き

芋の品種にこだわらなくてもよいが、粉質のほうが心持ち穏やかな口当りになるだろうか。皮を剝いてすりおろし、茶色っぱい汁を捨てて、やはり丸く平たいお焼きにする。細切りの牛赤身肉を細葱の小口切りとともに胡麻油と醬油をからめ、ジャガイモの上に置いて焼き、返して肉に火が通るようヘラで圧して、色良く焼けたら酢醬油にラー油（胡麻油と一味とうがらしでも）を混ぜたタレを添えると、韓国風。

せん切りジャガのお焼き

フライパンいっぱいに、厚さ一センチ程、せん切りジャガイモを敷き詰めて焼く。がんばって、細～く切った芋は絶対に洗ってはダメ。薄く油をひいたフライパンに均等に広げ、落とし蓋かヘラでギューッと圧して焼き、片面が焼けたら蓋か平皿にパタッと移し、鍋にすべり込ませるように戻してもう片面も色付くほどに焼く。芋のデンプンが糊化して鍋の大きさのお焼きができる。適当に切り分け、ポン酢か、ケチャップに少しの砂糖と醬油、一味とうがらしを足したものでも添えて。塩こしょうを振ってビールのあてにも。

キウイフルーツ・ミックス

酸っぱいから要らないと言ったら
「だから、こんなふうにして食べなさい」
と、頃合いに追熟《ついじゅく》したのを持たされた。庭に植えてあるという。持ち寄り品の卓を囲んでいた時、何やら不思議な料理があるなと手を出したのがそれで、キウイフルーツとバナナ、リンゴを乱切り、輪切り、銀杏切りにして混ぜてあった。
帰宅して、ともあれ再現してみましょうと思ったはいいが、バナナが無い。リンゴを皮ごと六つ割りしてイチョウ切り、キウイは皮を剝いて乱切りしてボールに入れ、何かないかと見回せばミカンがある。色はまあまあですわ、と袋を除いて混ぜた。やはり、バナナの甘みが効果的と感じたけれど、酸味を和らげるためなら干したプルーンや柿、イチジクなどでもいい。ゆでたタコ、イカ、貝柱も使えるぞと消極姿勢は返上、ビタミンCやカリウムの給源として、はちょっと大げさでも、せいぜい利用いたしましょう。

キウイフルーツはニュージーランドものと国内産とで一年中買えるようになったが、原産地といわれる中国揚子江沿岸地方では、いま、どうなっているのだろうか。

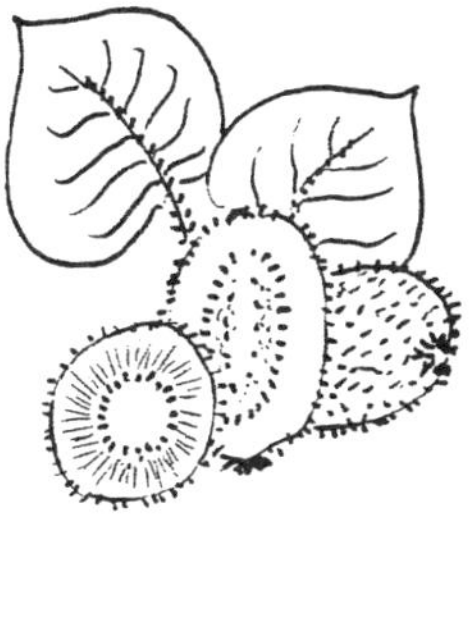

アボカドの木

脂質の多い果物で、わさびじょうゆで刺身風にいただくのが簡単、お連れはマグロの赤身にイカなどもお似合い。

とはいっても、割ってみたら傷んでいたということもある。歩留まりの少ない時はきれいなところをスプーンですくい、ボールの中でつぶす。酢とマヨネーズを混ぜて、小振りに切った肉や魚の唐揚げとか、里芋やこんにゃくの煮物など、残り物、残し物を和えて一品にする。このへんで、選び損なった口惜しさは消えて、気の利いた小鉢ものに納得してしまう。

熟れているかどうか、買う前に指で押してみる人もいて面白くないから緑濃いのを買って、家で追熟させようと思ったこともあるけれど、うっかり忘れていてはつまらない。炒めものやオムレツ、味噌汁にさっさと使うほうがよさそうである。

種は、きれいに洗って植木鉢に埋めておくと、アボカドの木が生えてくる。

「へえ、これがアボカドの木、ですか」

熱帯アメリカが故郷だそうで寒さに弱く、温室に入れないと実を成らせるのは無理だと聞いた。でも、栗に似た大きな葉は観葉植物として、遠い知らない国を想像させてくれるので、枯れても懲りずに種を洗っては土に埋める。存在感のある大きな種を、含めた値段で買ったのだから。

バナナのピーナッツあえ

「お客さんがみえたから……」

飲《や》って帰るという電話を聞くと、やれ結構な時間だ、あれもこれも、用事を片付けてから座ろうと思うので、自分の夕食が九時頃になってしまう。ついで仕事に、帰宅後ちょっとつまむものを、店での料理と重ならない、残っても明日にまわせる、を目安に一・二品作っておく。

ある日、小分けしたバナナを買って、久し振りだからと三本つながったまま盆に載せておいたら、手つかずだった。

「はて、どうするべぇ」

起き抜け、考えながら一本は口へ。

「あとは今日うちに来た人が災難よ」

と、本当に人が来たので、使い残りのピーナッツバターにやかんの湯を垂らしてゆるめ、醬油と砂糖を少し混ぜて、小口切りのバナナを和えて配った。

被験者にとっては目新しかったのか評判がよく、以後、レパートリーに加わっている。

バナナの天ぷら

卵白を泡立てて小麦粉と合わせた衣をポッテリつけて、白くフワッと揚げたフリッター。空色のケーキ皿にとってシナモンシュガーなど振りかけ、ハーブのひと枝もあしらえば、おしゃれになるとわかってはいる。わかってはいるが、ゆったりくつろいで食すゆとりと相手がままならない。そこで、衣に淡く塩味をつけた天ぷらになった。

ベーコンを刻んで混ぜた衣を、小切りにした未熟気味のバナナにまぶして揚げる。粉の半分を上新粉（米粉）にするとカリッとした仕上がり。切り方は時に応じて輪切り、楕円、棒と気分次第。口に入れると、芋に似てほんのりフルーツ味の残るたのしい一皿。衣をつくる数分をケチッて、ゆとりのお茶タイム……なに、ただ気忙しいだけ、所要時間はかわらない。

年配の男性は不思議に思うかもしれないが、ベーコンのほかにパセリやセロリの葉を刻んで加えると、ちゃんとしたおかずになるから、それこそ不思議。

「合成添加物は一切使用していません」と表示してあるベーコンをみかけるようになった。本当に良心的ならみんなで買い支えて、店の棚でカビなど生えないようにしなければと思うがどうだろう。

リンゴの季節に

自立を目指す人達の農場で穫れたというリンゴを二つ貰ったので、そのままパクつくのも勿体ないと思い、砂糖煮にして少しずつお福分けすることにした。

皮ごとイチョウに切って小鍋に入れ、砂糖をまぶして十分ほど置く。水が出てきたら弱火にかけ、透きとおるまで炊いてできあがり。あとは冷蔵庫へ。

いろいろな果物が輸入されるなかでリンゴだけはまだと思っていたが、そうもいかない情勢になりつつあるらしい。無選別でも安全な品を、小振りのダンボール箱にばら詰めで輸送し、消費者は誰でも箱単位で買え、箱はデポジットで、とはならないものか。

店先に大きな赤い実が場所を占める季節になると、いつも〝リンゴのひとりごと〟という童謡を思い出し、次いで疎開先の小学校で教わったA先生が浮かんでくる。

兵隊帰りの先生は厳しかった。授業中に私語が聞こえるとその生徒を前に呼び出し、「気を付け！　歯をくいしばっとれ」往復ビンタで「帰れ」。叱言はひとことも無い。五年生では男の子でも一発ごとによろけたが、自分が悪かったのだから仕方ない。

宿題がまた、ものすごかった。そのころローマ字という教科があり、ヘボン式だったか日本語で書いてあるのを、一単元ずつ先生のそばに立って読まされる。合格のハンコを貰っては、次の単元に進む。書き取りもあって、

「あしたは活字体の大文字を一字百ずつ書いてこい」

別の日には、「筆記体の大文字を一字百ずつ」「筆記体の小文字を一字百ずつ」。国語も同様だった。どうにかして遊ぶ時間を作ろうと考える私ら数人は放課後の教室に残り、全速力で書きなぐっていた。おかげで〈自分でやったことは身につく〉ことが叩き込まれたように思う。

男の先生たちは兵隊にとられたまま、なかなか帰られない頃のことで、翌日の予定は毎日、職員室へききに行き、小黒板にローマ字で書かされた。

きちんと製本された教科書がやっと持てるようになったばかりなのに、名作文庫の読み聞かせがあったし、音楽の授業ではいろいろの童謡も教わった。

〝叱られて〟〝この道〟〝花嫁人形〟〝森の小人〟〝十五夜お月さま〟〝月の砂漠〟……。

大人の暮らしがどうなのか心配もせずに、先生の弾くピアノに合わせて歌っていた。田舎で、そんな楽譜など東京から取り寄せなくては手に入らなかったであろうのに、子ども時代を子どもらしく、成長過程の一日ずつを真剣に導いてもらったように思う。兵の死を間近に見てこられた故か、などと思い至るまでにはずいぶん年月を要した。

「教育は九十九パーセントの無駄の上に成り立つ」

どうして効率を言うようになったのだろうか。

店先にリンゴが沢山並ぶ季節になると、歌とともに先生を思い出す。

おみまいのリンゴ

「今日はK子さんがお差し支えで、代わりにことづかってきました」

町の社会福祉協議会から、寝たきりの人が居る家庭へ小さなプレゼントをする日であった。ボランティア・グループの人達で相談して、こんな品が便利で家族に喜ばれるのではないか、と手作りした物であったり、季節の果物になるなど、知恵を集めては手分けして訪ねる習わしが何年も続いていた。

そこは、旦那様が倒れて家業の飲食店は閉めたままと聞いていたが、近くても毎日通る道ではないので、奥さんは大変だろうなと他人事の無責任さ加減に想像していた。

つい先年まで客だった者が差し出したリンゴを前に、身をすくめるように畳に手をついて頭を深く下げた奥さんは、

「ありがとうございます」

と言ったきり、しばらくは顔を上げることもできない。お大事に、くらいしか言葉が浮かばなかった私は早々に退出した。

自分の稼ぎで暮らしていれば、誰とも対等に晴れやかな気分で居れるものを、人から同情されながら生きるのは、なんと肩身の狭いことか。「してあげる」と優位に立つのが、こんなにつらい事とは知らなかった。

リンゴと豚肉など

産地では、出荷残りをくふうして利用されるようで、ジャムのほか、台風で落ちた適熟果を輪切りにして乾燥機にかけたものを小分けして売るなど知恵を使っておられる。

お買い得のリンゴをおかずにするのも消費者の知恵。酒と醬油で下味をつけた豚肉に片栗粉をまぶし、やっと流れる程の油でカリッと焼いて取り出し、その鍋でリンゴを炒め、肉を戻し入れて醬油で調える。薄切り肉を使い、リンゴもごろごろしないよう小さめに切って、最後に水溶き片栗粉でとろみをつけると、お年を召した方にも喜ばれる。

半分残ったリンゴは銀杏に切って胡麻あえやピーナッツあえに。さっとゆでた三つ葉や芹などを合わせてもいい。

青菜四十か五十グラムをザクザク切ってリンゴ半分も荒く切り、水と氷三百ccとともにミキサーにかけて緑色のジュースというのもなかなか。好みで甘みを加えて。

ミカンのおかず

「地球さんは、もう少しゆっくり回れないのかしらね」

「……」

「遅くすると落ちるのかな？　でも、どっちに向いて落ちるんだろ」

地下鉄をどこから入れるか、のネタで売っていた漫才師のように、本気で考えたら寝られやしない。テレビ視聴を楽しみの中心に据える気は全く無いので、貧乏忙しはビョーキかもしれないが、生活にかかる用事をいくつか同時進行したり順序をくふうしていても、今日する予定が翌日、翌々日に残るとボヤキが出る。

そんなことで、ミカンがどさっと送られてくると食べるのが先送り、いや、そんなことはない。食事に組み込めばよろしい。

乱暴なサラダ

レーズンをボールにぱらり、ミカンを袋から出してぽいぽい。白菜の軸は縦三つほどに割って、包丁をねかせて薄くへぎ切り、冷水に放ってシャキッとさせ、水をよくきって加える。あればハムやパセリを刻み、酢、塩、醬油、こしょう、オリーブ油少しで調える。何かのついでにゆでた卵を思い出した時は、殻を剝いてから網杓子を、盛りつけたサラダの上に持ち、卵を押し抜いて安直ミモザのできあがり。ついでながら、ついでにゆでるというのは、芋類や青菜など野菜類とか、素麵など麵類をゆでる時に、どうせ水を沸かすのだからと卵も入れておく。そのまたついでに、鍋の口径に合う金ざるをぴったりのせて、上で蒸し物をする。半ばまでしか熱が通っていなくても、次にゼロから始めるより速い。

おろしあえなど

大根おろしを軽く絞り、袋から出したミカンとチリメンジャコを合わせる。「シラス」と呼ばれる白く小さいジャコのほうが口当りはやさしい。塩、酢、と醬油も少し。酸味の強い柑橘では砂糖も少々。

大根がなければ戻したカットワカメでも叩き山芋でも手近なものを使い、麵つゆをほんの少し足す。麵つゆは便利だけれど、削り節と昆布のだしも忘れないようにしたい。

醬油まぶし

「えーっ、何、おかか？ まぁ、なんという発想……」

頂き物のデコポン（不知火ミカン）を、袋を除いて半分にし、醬油と、揉んだ花かつおをまぶして、小鉢に盛ってみた。

近年の果物はどれも甘みが増して、舌に突き立つような酸っぱいものは消えたと思うが、それでも果物嫌いは居るもので、「酸っぱいものは身震いする」「リンゴの、あんなサクサクするものを食べる人の気が知れん」などと言う。

むかし、年寄りが夏ミカンに醬油をつけて食べるのを見た記憶がある。今よりずっと酸味が強かったから、和らげる知恵なのだろう。香川県小豆島の人達は、ミカンに醬油をつけて御飯のおかずにすると、先ごろテレビに映していた。〈マルキン醬油〉のお膝下でもあり、お互いに好い食べ方といえる。

「産地の人は、いろいろにして食べるそうよねえ」

「規格からはずれた出荷残りや、台風で落ちたものも何とかしなくちゃならないもんね」

奥様は納得の顔。

フライパンを弱火にかけて本物の花かつおを広げ、全体に温もりがまわるように手で静かにさばき、焼かないように火を止めて余熱で乾かし、静かに揉み砕く。これを小さめのビンに入れておく。「残し物」の小芋にまぶすのがこれ。

萌やし

種苗屋の棚に、萌やし用の種子袋が並ぶようになった。馴染みのブラックマッペのほかにダイコン、ブロッコリーやソバなども。家庭用となればガーデナーというよりグルメ奥様の領域かもしれない。

広口の空瓶に種子を少量入れ、かぶるくらいの水を加えてから三十分程で水を捨て、瓶の口にガーゼかキッチンペーパーをかぶせて輪ゴムで止めておく。台所の隅にでも置いて、毎日一度ゆすいでは水を捨てるのを繰り返していると、芽が出てくる。店頭の品は洗浄、漂白などして見映えを良くしてあるが、自家製は種子の殻が多いのでやや手間が要る。

光に当てないよう黒いものを巻いておけば白っぽい萌やしになるし、放っておけばカイワレのような緑色になる。

一九九六年に、O《オー》157による集団感染で問題とされたカイワレ、あの時は生産業者がお気の毒であった。病原性大腸菌にはいくつかあって、O157は一九八二年アメリカで初めて見つかったという。その後、日本、イギリス、カナダ、スウェーデン、ドイツ、ベルギーなどいわゆる先進国に出現、拡大しているのだそうな。発展途上国にみられないのはなぜか。寄生虫学の権威である藤田紘一郎先生によると、その理由の一つに「清潔志向」があげられるのだと。抗生物質や消毒剤、抗菌剤、殺虫剤などの多用で腸内の有用な常在菌が少なくなり、免疫力が低下して「やわな日本人」になったのだとおっしゃる。

そういえば、あの集団感染騒ぎの際にも重症児は感染した子の一割ほどであり、同じ給食を摂りながら無症状の子が三割居たそうだから、お説のとおりなのだろう。

確かに、貧しかった頃の日本とは格段に清潔で便利な家に住み、道路は舗装されて泥にまみれることもない。その中で化学合成物質を、身にまとい、口に入れるのを普通に思う暮らしが続いているうちに、知らず知らず抵抗力が失われてきたのであろう。

栽培業者が疑われ、いやそうではない種が悪いと捨てられたカイワレさんのほうがよほど迷惑だったろうに、国中のヒトが大騒ぎをして――。

暖かい季節にもやしを作るには、水が腐敗しやすいので朝晩換える手間が要る。

煮込め

思い立って、昔、叔母に教えてもらったように「にごめ」を作った。

夕食後、洗い物はちょっと置いといて、凍り豆腐と椎茸をそれぞれ水に浸ける。小豆は今朝水に浸しておいた。ささっと洗い物をすませて野菜の皮むき。

ごぼう、蓮根、大根、人参、里芋、こんにゃく、油揚げ、椎茸、凍り豆腐、早煮昆布、みなさいのめに切る。大きい鍋を出してごぼうと蓮根を酢水でゆでておき、こんにゃくは空炒り、里芋以外を、煮えにくい物から順に入れて炊き、砂糖をほんの少しと醬油で味付け、最後に里芋を加えて煮含める。煮汁は少々残るくらい、味は、御飯が無くても食べられるほど淡く。

材料の種類が多いので出来上がりの量も多くなる。翌夕の食卓に出して、翌々日、火を入れて一鉢とりのけ、残りを、来た人に小さな器で配った。

「えー、そんなのありぃ？　私にもつくって」

で、日を約束してもう一度。九州の人で、自分も作ってみたいと思ったようだ。私も他県の人、姑に尋ねても仕方ないから叔母さんちへ聞きに行ったまでのこと。ただ、これは瀬戸内海に近い広島県南部に多いやり方で、中国山地に近い県北では材料を大ぶりに切って煮含めたものを煮込めと言うところや、豆腐やこんにゃくなど、やはり精進の材料で味噌おでんを食べるというふうに、地域によって違う習わしがあるらしい。

「煮込め」は、おたんや（御逮夜）に食べる行事食だが、栄養的にすばらしい郷土食でもあり、細々ながら受け継がれている。ほとんど季節の風物詩のようになっているけれど。

「おたんや」というのは親鸞聖人入滅の前夜で、もともとは旧暦十一月の行事であったのを新暦になおし、一月十五日が御逮夜、十六日がおしょうき（御正忌）と定められたという。

「安芸門徒」と呼ばれるように、広島県には浄土真宗本願寺派が多い。昔は、寺へお説教を聴きに行くため、煮込めを大鍋いっぱい炊いておき、十五日夕から温め直しては食べたと、ものの本にあった。現在《いま》は簡略になったが、古くはお説教が一週間くらいつづく地域もあったと聞く。しんらん様は小豆がお好きだったとか——。

仕上げのひと振り

久しぶりに現れたアキさんは、

「いやぁ、友達と一緒に事故って、ほとんど死にょうたんよ」

あっけらかんとした表情で、穏やかでない話を始めた。友人は下半身が駄目で車椅子生活になり、自分は顔半分つぶれ、「この顔は医者が作った」という。若い娘だから特別念入りにしたのかと思うほど、傷も違和感も全く無い。ポカンと眺めていると、今は、その友人宅に居て家事手伝いをする身になった、過保護にしてもらってと続ける。

「この歳で家事手伝い」と笑うが、二十七歳でこのままのほほんと暮らす人ではなかろう。その日は、おかず作りの様子や味覚の違いなど話していった。

少し経って、友人がデザイン関係の職に就いたと告げにきた。

「家事手伝いというのは暇じゃ、掃除機かけてもすぐ終わる」

美術系の学生と出会い、本を借りて読んでるとも言っていたが、間もないある日、一枚の紙をひらひらさせながらやって来た。置いたのは証書で、コンピューター一級指導者とある。

「あしたから仕事に出ます、言うてしもうた。何であした言うたんかなあ」

親御は少し離れた土地で飲食店を営んでおられ、姉さんは別の道へ進んだと、以前に聞いていた。それもあって調理師になったのだろうと想像していたので、新しく習得した技能は経営にも生かせるのではないかと言ったら、遠い目になって、

「二代目を、……やるかもしれんな」次の瞬間、

「あー、今日（昼）は何をつくろうかなあ、じいちゃんにカレー（ライス）でも食べさせてみようか。ハンバーグなんぞ食べるもンじゃない、言うとったけど、食べたよ。豆腐を入れたら旨い、うまい言うて」

彼女は、カレーソースの仕上げにインスタントコーヒーの粉をパッと入れるのだそうな。

「おいしいよ」

ニコッとして、風のように出て行った。

跋

山本　泰子

何よりも先に、井上光晴文学伝習所の畏友中山茅集子さんの紹介で、影書房の松本さんがご快諾下さって、『食べごとのはなし』が本になること、有難うございました。

男女二人ずつのシニア達で「よみ・かき・トーク」の会がはじまったのは、彼女の小さい店でした。表には、コニファーを刈り込んだ「トトロ」と、手入れの行き届いたハーブや珍しい鉢植えがあります。「ピロシキのおいしい店」と他の友人が教えてくれました。

平均年齢七十?歳の集まりで、仲間の伊藤さんが書かれた二百七十枚の、予科練時代の記録を、中学時代の友人・片山さんが持って来られてからです。月一回の例会で、音楽好きの片山さんと彼女のお喋りには、「よみ・かき・トーク」のあとに「きく」も加えねばと思いました。『食べごとのはなし』はその中で、二、三篇ずつ積み重ねられてゆきました。書くことを、お互いに強制したのでなくて、です。

日常生活で、主として女達の仕事としている食事について、テレビ、雑誌などで繰り返しとり上げられていますが、改めて「たべごと」として、日頃の生活の中でみつけ出して下さるよすがともなりますよう。内容の一つ一つに触れることは、美しい本になってからの楽しみにさせて下さい。

人とのつながりは、長い短いではなく、身内環境だけでなく、思いがけない形で心にふれあうものと感じています。そこから何かが生まれ、創り出されてゆくのだとも。

お世話になりました皆様に、もう一度厚く御礼申し上げます。

あとがき

末っ子のせいか、年上の人がそばにいれば自然に、のんきな妹役になる。外で男性の代役をやらされても、家に帰れば二番役になるのが落ち着く。見回せば年長の友ばかり、なのは、生育環境によるものか、ＤＮＡのなせるわざか。ボーッとしているうちに、何もかも「してもらって」本ができることになった。

発端をずっと遡ると、二十年ほど前、作家の故・歳森薫信氏との出会いになる。食べるほうが熱心な、ド素人の小グループができた。茶菓子に気を取られながら、毎年四十ページもない冊子を拵え、当時、講談社に居られた白川充氏から厳しい評を頂いても何のその、反省もせず懲りもせず、だらだら続けていた。その冊子が縁で山本さん、伊藤さん、片山さんとつながったのは、成り行きというより天の恵み。

皆々様に感謝する以外、なす術を知らない。

二〇〇一年十二月

畠本　千

食《た》べごとのはなし
二〇〇二年三月二〇日　初版第一刷
著　者　畑本《はたもと》　千《せん》
発行所　株式会社　影書房
発行者　松本昌次
東京都北区中里二―三―三
久喜ビル四〇三号
電　話　〇三―五九〇七―六七五五
FAX　〇三―五九〇七―六七五六
振　替　〇〇一七〇―四―八五〇七八
本文印刷＝スキルプリネット
装本印刷＝広陵
製本＝美行製本

定価　一、七〇〇円＋税

ISBN4-87714-286-X